TUDOR TOADER

TRESALTUL CUGETĂRII

POEZII

PHOENIX, ARIZONA
2003

ISBN 1-4196-1774-5

To order additional copies, please contact us.
BookSurge, LLC
www.booksurge.com
1-866-308-6235
orders@booksurge.com

Cuvântul Autorului

Doresc să las câteva rânduri despre neamul din care mă trag, pentru că nimeni din familia mea nu a făcut aceasta. Poate nu au putut, sau nu au avut interes, așa că eu o fac, pentru credința neamului meu.

LOCURI ȘI DATE STRĂMOȘEȘTI

Tache Toader, cioban din Poiana Sibiului, cu o turmă de oi, câțiva măgari și câțiva câini zdraveni, de încredere, au pornit la vale și s-au oprit, după luni de zile, cam la 3 kilometri distanță de locul unde râul Ialomița se varsă în Dunăre, și cam la 5 kilometri de renumitul *Târgul de Floci* și 6 kilometri de *Vadul Oii.*

Acolo existau câteva case și un han, cu o cârciumă bună, și un pod peste Ialomița. Podul, cârciuma și hanul, aveau ca proprietar, o hangiță isteață, care era chioară de un ochi. Dar cu calități ieșite din comun. Aici era mare pelerinaj de negustori pentru lână, brânză și pastramă de oaie. Veneau la târg din toate părțile țării. Chiar mulți turci, greci, ruși, care veneau pe Dunăre și se opreau la *Piua Petre*, o mică așezare, cu un mic vad la Dunăre, unde se încărcau mărfurile : mult grâu, fasole, porumb. De aici luau drumul în diferite părți ale Europei . Comuna *Piua Petre* era renumită, că avea un mare darac de lână, numit *piuă*, de la care și-a luat numele de *Piua Petre.*

Aflat la o distanță de 3 kilometri de *Piua Petre*, hanul a luat numele hangiței. Se numea "La Chioara". Tache a înțeles că aici se poate trăi bine. De hrană pentru oi, nu ducea grijă. A hotărît să-și facă o casă, la 250 de metri de han. S-a căsătorit cu o fată din partea locului, și împreună au avut cinci copii, două fete și trei băieți: *Garofița, Maria, Neculai - Constantin*, tatăl meu, și *Ștefan.*

Pe aceste meleaguri, în pădurea *Chirana*, la câțiva kilometri depărtare de han, domnitorul *Mihai Viteazul* și-a așezat corturile. Pe acest loc, s-a întemeiat , cu timpul, în marginea pădurii, comuna *Mihai Viteazul.*

După câteva sute de ani, peste comuna *Chioara Veche* , s-a abătut o tragedie: prin anul 1958, la marginea comunei *Vlădeni*, aflată la o distanță de 5 kilometri de comuna *Chioara*, guvernul comunist a înființat o închisoare: zeci de barăci, sute de milițieni și mii de condamnați poilitici, bătrâni și bolnavi, care lucrau la diguri pentru orezării. Când

3

Ceaușescu a preluat hățurile, în calitate de Președinte al României, a survolat partea locului și a dat dispoziție să se facă un dig lung, de circa 70 kilometri, cu târnăcopul, roaba și lopata, pentru ca *Borcea, Dunărea și Ialomița* să nu mai inunde acel teren și acolo să se cultive porumb. Lucrarea a fost gata în anul 1970, conform "indicațiilor prețioase", dar cu sacrificii greu de imaginat. Mulți deținuți au fost îngropați în acel dig. Au murit sfârșiți de puteri, mulți dintre ei fiind bătrâni și bolnavi. În primăvara anului 1971, când s-au topit zăpezile, apa care până atunci ocupa partea îndiguită, a intrat în satele neprotejate, în timp ce capetele luminate ale partidului,nu s-au interesat de acest fenomen. Așa că satele au rămas sub apă, timp de patru luni de zile.

Comunele *Chioara, Piua Petre*, satele *Brăilița, Bobul* și *Sfântul Vasile*, au dispărut toate, plus o frumoasă biserică, construită dintr-o mare donație, de către Aurel Benoi.

Comuna în care m-am născut, s-a transformat în teren agricol. Chiar și cimitirul l-au arat. Pe aceste locuri, doar ciocârlia mai cântă. Tatăl meu, Constantin, și mama, Stana, născuți în comuna *Chioara*, au locuit în această comună, până în anul 1971, ocupându-se cu agricultura și creșterea oilor. După 1971 au locuit în *Fetești - Gară*. Bătrâni fiind, s-au mutat la *Mediaș*, la cel mai mic copil, Radu. Tata a murit la 67 de ani, mama la 75. Sunt înmormântați în cimitirul din *Mediaș*. Tata și mama au avut trei băieți: eu, Tudor, cel mai mare, apoi Nicolae și Radu. Nicolae a lucrat ca matrițer, la intreprinderea *"Emailul Roșu"*, din *Mediaș*. Apoi s-a înhămat în slujba comuniștilor, care i-au dat diferite munci. Pentru aceasta, am înțeles să mă îndepărtez de el, cât am putut. De fapt, în actele mele de emigrant politic de la *Ambasada Americană*, el nu figurează. A refuzat să-mi dea date despre el, așa că am completat actele, doar cu unul dintre frați. Consulul m-a întrebat: *"Dumneata ai doi frați și aici ai scris doar unul. "* I-am răspuns: *"Da, Domnule Consul, dar comunistul nu vrea să-mi dea datele, motivând că are copii în facultate."* Consulul a răspuns că el înțelege, să nu-mi fac probleme. Radu, un frate adevărat, a fost tot maistru la *"Emailul Roșu"*. A murit la 44 de ani. A fost un om de excepție. Totdeauna m-am înțeles cu el. Dumnezeu să-l odihnească!.

Eu m-am născut în anul 1932, la 24 septembrie. La vârstă fragedă, am plecat la Constanța, unde am urmat două ucenicii, una în domeniul mecanicii auto, alta în domeniul mecanicii de mașini de cusut, în care am lucrat mult timp din viața mea, exceptând 12 ani, când am lucrat ca specialist, într'un laborator de mecanică fină, al *Institutului Meteorologic* din București.

În anul 1983 am ajuns în America, având statut de emigrant politic. Primul pas l-am făcut în orașul numit *Rapid City*, din statul *Dakota de Sud.* Sunt căsătorit cu *Viorica.* Ea îmi poartă numele de 46 de ani. În România, *Viorica* a fost contabil. Ca o soție bună, mi-a dăruit un băiat cu mari calități artistice. El a urmat *Institutul de Artă* din *Phoenix, Arizona.* Acum lucrează ca artist de concepție - efecte vizuale, la unul din studiourile *"Disney".* E căsătorit cu *Ana Luisa* . *Alexandru* , fiul nostru, ne-a făcut bunici fericiți, ai *Casandrei,* în vârstă de aproape 7 ani, și ai lui *Alexander,* de numai 7 zile. Pe toți îi îmbrățișez cu căldură sufletească, lăsându-le aceste rânduri.

Tudor și Viorica,

Noiembrie 23, 2002

5

Introducere

de George Băjenaru

Trăind o viață de om în freamătul unui instinct poetic, Domnul Tudor Toader, tată, bunic și prieten, dorește să lase urmașilor, precum odinioară poetul Tudor Arghezi, *"un nume adunat pe-o carte"*, o carte de poezii, despre lume, familie și prieteni, dar mai ales despre natură și iubire, în sensul adevărat al cuvântului. Decizia luată de Domnia sa, în anul 2002, la împlinirea vârstei de 70 de ani, e pe cât de firească, pe atât de îndreptățită.

Fără a aspira, cât de cât, la vreo glorie literară, domnul Toader se prezintă astăzi în fața familiei și a prietenilor apropiați, cu o experiență personală, de gândire și simțire a lumii prin care a trecut, exprimată într'un interesant jurnal , alcătuit din versuri limpezi și sentimentale.

Titlul *"Tresaltul cugetării"* vine să definească într-o formulă metaforică sui-generis, un om neliniștit și sensibil , aflat într'un impact cu veșnicul necunoscut din universul creației divine.

Simțindu-și poezia ca pe o chemare lăuntrică, Domnul Toader se simte obligat să o slujească *"până la moarte"*, chiar dacă nu crede că prin ceea ce scrie ar aduce în lume "o mare ispravă". Dând frâu liber pasiunii, el își învinge propria modestie. Actul comis îl exprimă în versuri antitetice, precum: *"Nu aduc mare ispravă, gândurile mele toate,/ Dar cu sufletul meu lavă,/ Am să scriu până la moarte/ Vreau să fiu cât mai aproape,/ Cât trăiesc , să nu mă pierd./Chiar de-mi curg lacrimi pe pleoape,/Florile tot le dezmierd"*. ("Ispravă").

Obsedat de o chemare pe care nu o poate pricepe, poetul se simte ispitit de ideea luptei cu soarele, idee ce-l înspăimântă și-l determină să cedeze. Împăcat cu sine, el se lasă purtat de *"struna gândurilor"* proprii, și de *"șuvoiul de cuvinte "*, generat de această *"strună"*, ca mai apoi, înfiorat fiind de *"vorba înveninată"*, să treacă mai departe prin lume, cu pecetea pusă de ursitoare și plăcerea de a trăi nestingherit în propriile-i visări.

Traind în poezia naturalului cosmic, supraomenesc și a firescului uman pământesc și experimental, poetul vede viața omului ca pe o imposibilă aventură, încărcată de tentații , dar mai ales de planuri colosale, imposibil de realizat. În poezia "Să pot", tentația poetuluiui de a se lupta cu soarele este învinsă de ideea că într'o asemnea încercare, nu ar rezista nici o secundă. Ceea ce-i rămâne este admirația și dragostea față de astrul inteligent și față de tot ce rezultă din inteligența lui generoasă.

Poeziile grupate în ciclurile *"Tresaltul gândirii"*, *"Cărarea"*, *"Gustul iubirii"*și *"Culorile anotimpurilor"*, sunt niște reflecții sincere despre om și gândirea lui, despre simțire și iubire cosmică și umană, dar mai ales despre efemeritatea vieții și schimbările din univers, în contrast cu permanența timpului impasibil și necruțător. Ilustrativ mi se pare sub acest aspect, mini-poemul *"Se sting"*, unde registrul verbal, melancolic și incantatoriu apare plăcut contaminat de poezia eminesciană: *"Se sting atâtea stele'n zori,/Se duc fără speranță,/Rămân duioasele cântări/ Ce sufletul înalță./ Se duc pe râu, frunze se duc/ Și-a zorilor lumină/Pătrunde sulfetul adânc ,/ ca dorul sfânt, de mumă./ Și lacrimi sfinte de izvor,/Și frunze veștejite/ Și-atâtea clipede fior,/Rămân de dor sleite.*

Poeziile din ciclul *"Tresaltul cugetării"* sunt în cea mai mare parte a lor, o întoarcere în sine și pentru sine, a unui spirit întrebător și dornic de a-și clarifica propriile-i gânduri și opțiuni, în relație cu lumea din afară, față de care se simte îndatorat, ca un om *" născut cu sufletul poet"* și *"încrezător în graiul omenesc."*

Dorința libertății de gândire și creație, în numele binelui și al adevărului pur, străbate multe din aceste poezii . Faptul pare bine motivat, dacă ne gândim că mai toate versurile au fost scrise între anii 1977-1983, în România, în condiții de strictă cenzură a cuvântului scris. În asemenea împrejurări, conștient de menirea lui, poetul vrea să dea cale liberă gândurilor sale, *"pe aripi dulci de fluturi'*, ca apoi, fiind *" legănate de vânturi"* , să ajungă acolo *"unde soarta le-o mâna".*

"Obosit de truda zilei" și *"lovit"* de gânduri", lucrătorul -poet caută o ieșire spre *"bucurie și speranță.'* O asemena ieșire nu este însă posibilă, fără iubirea universală, din care se simte parcă împărtășit. Sentimentul iubirii față de om și natură, face parte din ființa poetului și e prezent în fiecare dintre poeziile din acest volum. Observator atent al vieții din jurul său, autorul scrie sub impulsul tentației de a pune în versuri fapte și întâmplări , care l-au intrigat, sau i-au afectat într'o formă sau alta propriul spirit, aflat mereu în căutarea binelui și a faptului divers, inedit și surprinzător.

Poeziile din cilcul ,,*Cărarea"*, dau contur unei biografii personale, și reflectă pe alocuri, amintiri cu valoare monografică, din lumea satului românesc, precum și momente din marea aventură a emigrării în lumea liberă a Americii.

Mândru fiind de obârșia și proveniența culturală și socială, poetul consacră , într'un limbaj popular, cea mai mare parte a poeziilor din acest ciclu, unor coordonate sau evenimente cu valoare general-umană, ca nașterea, nunta, moartea. Sunt poezii inspirate de viața satului natal din Câmpia Bărăganului, de părinți și de casa părintească, de noaptea de 24 septembrie 1932, în care s-a petrecut evenimentul nașterii sale, de viața intimă din propria familie, alături de scumpa soție , Viorica, și de unicul lor copil, Artemis -Alexandru, autor al câtorva dintre poeziile incluse în acest volum, de relațiile personale cu "buni și adevărați prieteni", precum Nini și Andrei, Mariana și Marin, Costel Pop, familia Florin Stoenescu .

Farmecul unor poezii este amplificat și de specificul lor baladic, evocator , ca și de descrierea unor locuri și întâmplări de rezonanță sufletească, pentru autor.

"Ciclurile "Gustul iubirii " și "Culorile anotimpurilor" sunt pătrunse de sentimentul iubirii intime și de apropierea cu sensibilitate de elemente ale naturii. Poeziile din aceste ultime două cicluri, conțin inocență și candoare. Ele sunt scrise într'o manieră impresionistă, sub impulsul uimirii autorului în fața frumuseții umane feminine și a frumuseții naturii, în general. Sunt stări afective de dragoste și admirație firească pentru firea gingașă și ochii fermecători ai iubitei, pentru flori, arbori, păsări , greieri și tot ce dă farmec vieții și asigură pacea și liniștea unui suflet zbuciumat. Dialogul autorului cu anotimpurile și simbolurile naturale specifice fiecărui anotimp, alegoria și feeria prezente în unele poezii, imaginile picturale, comunicarea senzorial- afectivă cu fenomene și elemente cromatice ale universului cosmic, asigură o lectură plăcută, reconfortantă.

O înțeleaptă zicală românească spune că "toamna se numără bobocii". Considerând că la frumasa vârstă de 70 de ani, domnul Toader se află în toamna vieții sale spirituale, am putea spune că poeziile ce le-a scris cu mulți ani în urmă, arată ca niște boboci frumoși, pe care și-i poate numără, cu sentimentul unei frumoase împliniri, într'o viață trăită cu dragoste, credință și speranță. Să-i urăm o viață lungă și un "tresalt" cât mai vioi și mai inspirat al cugetării , întru "poezie și adevăr".

SUMAR

13

CICLUL I :

TRESALTUL CUGETĂRII

TRESALTUL CUGETĂRII

Adeseori tresaltul cugetării
Măsoară vremea marilor bărbați,
Cei ce-au cântat trecuturile țării,
Ca nouă să ne fie neuitați.

Ei ne-au lăsat de preț cinstirea
Drapelului și un cuvânt:
Să nu permitem înrobirea,
Că Libertatea-i drumul sfânt.

Alecsandri, în scrierile sale,
A spus legende pentru noi,
Dar azi poeții au în suflet jale,
Când văd trecutu'n lada de gunoi .

Poeții cei de frunte sunt uitați,
Avutul cultural, în umbră, trist,
Iar cei ambițioși, îngenunchiați
Sub dictatura unui comunist.

Ca o nălucă au sluțit gândirea
O mână de pârliți și-un drac mai sus.
Răul ce-l fac, e cât nemărginira .
Poporul rabdă și e prea supus.

Aprilie 1984
Rapid City

SE STING

Se sting atâtea stele'n zori,
Se duc fără speranță,
Rămân duioasele cântări,
Ce sufletul înalță.

Se duc pe râu, frunze se duc
Și-a zorilor lumină
Pătrunde sufletul adânc,
Ca dorul sfânt, de mumă.

15

Și lacrimi curg către izvor,
Și frunze veștejite
Și-atâtea clipe de fior ,
Rămân de dor sleite.

19 iunie 1980
București

ROMÂN FĂRĂ PERECHE

Ar putea spune toți poeții,
Că Eminescu a murit.
Dar el, pe raza dimineții,
Adună stelele , poeții,
Și zice: "Bine v-am găsit!"

Când nu-l vedem , el e prezent.
Nu a lipsit și nu lipsește.
Pe malul mării el privește
Spre orizont, atent.

Și luna'n lacuri , fermecată,
Și steaua lui, amorezată,
Îl tot așteaptă printre plopi,
Iar noi îl mai citim o dată.

El vine când răsare luna,
Amorezat, ca'ntotdeauna
Și cântă, cântă pe nimica,
Poate-l aude Veronica.

Și noi mereu îi cinstim slova,
Ce ne mai poartă pe poteci,
Peste pământul țării'ntregi,
Cu Bucovina și Moldova.

Noi ne schimbăm, dar el rămâne,
Român fără pereche,
Iar steaua lui e veșnic veghe,
În sufletul oricui.

29 noiembrie 1980, orele 8:00 a.m.
București

CUVINTE RARE

Mi-am adunat cuvintele, pe toate.
Restul vă jur că nu le știu,
Dar de-am jurat pe jumătate,
Să mă iertați, că-s încă viu.

Că așa sunt ființele lăsate,
Să linșeze, sau să joace teatru.
Să'ncoroneze capete plecate

Și adevărul să-l despice'n patru.
De-aceea, prin cuvinte rare,
Încerc sfios ca să le scriu.
Și dacă inima mă doare,

Mă doare pentru câte știu.
Le scriu că lumea-i toată lume
Și toți sau toate, vor și vor
Un grad, un rang sau un renume
Și mai presus de astea toate,
Visul de cuceritor.

20 secembrie 1982

LUMINII

Lumina prin fereastră
Pătrunde peste toate.
Cu raza ei albastră,
Pe toate le socoate.

Și câtă cercetare
Cuprinde raza ei
Și-i mai cuprinzătoare,
Când poți vedea ce vrei.

Și cât îmi e de bine,
Când ochii mi-i cuprinde,
Căci gândul mi se-aprinde
De dragoste, oricând.

Asupra-mi vii , iubito,
Pe calea fără margini
Și'n calea ta, sfințito,
Văd viața în imagini.

Și mă'nfășor cu firea,
În toate ce zăresc.
Tu faci nemărginirea
Un plai dumnezeiesc.

Pe drumul meu de dor
Ești un fluture fragil,
Ești un limpede izvor,
Ești un zâmbet de copil.

1983

CÂND

Când ploua pământ încins,
Viața pic de rost afla,
Vântul mângâios sufla
Părul tău de ploaie lins.

Începutul înserării -
Când tuna și fulgera,
·Picuri calzi își lăsau norii -,
Peste noi se strecura.

De al norilor șuvoi,
Cerul tot se lăsa prins
Din înalturi, peste noi,
Vremea părul ni l-a nins.

De atunci vreau să găsesc
Un răspuns la vremuri rele,
În uzina minții mele.
Dar mă tem să nu greșesc.

Rima stropilor de ploaie,
Răzvrătită printre picuri.
Unora le par șiroaie,
Altora le par nimicuri.

27 mai 1983, București

SOARELUI

Te înscriu, rotundule rotund,
În cruciada gândurilor bune,
Ca din înaltul visului să-ți prind,
Raze limpezi și senine.

Eu știu acum că-ți aparțin,
Ca un pulsar microbian,
Cum eu de raza ta mă țin,
Precum zgârcitul de un ban.

Nu-mi este frică de'ntuneric
În care voi intra oricum
Și nici mormântul nu-mi deretic,
Sub raza ta-i un singur drum.

Tu, de undeva apari, ca un copil...
Nevinovat sclipești și ne măsori.
Ca viermii ne mișcăm în orice stil,
Dar tu, pe rând, în groapă ne cobori.

5 mai 1983

ODĂ SOARELUI

Tu, soarele meu , vestitor,
Ce luneci pe cerul de smalț,
Ești oaza câmpiei și-al țării fior,
Ești sângele roșu, semnul galaxiei mele,
De viață dătător.
Tu faci floarea să privească
Și gâza 'ncremenită, să lucească.
Vii către noi , tot mai aproape,
Când mugurii pădurii'ncep să crape.
Și-acolo unde se'mpreună cerul cu pământul,
Mi se opresc ochii și cuvântul.
Doar vântul neîngenunchiat se-avântă,
Că-i liber. Și cântă. Și cântă...
Iar tu le privești, făuritorule, pe toate,
Ca un sfânt, ce trudește mereu,
De poți să ne aperi de rău,

Lumină'mpărțind cu dreptate.
Acolo unde tu îmbrățișezi pământul,
Privesc adesea'ntrebător:
Când poate fi crezut cuvântul?

Aprilie 1981

ROȘU

Sunt stele pentru fiecare
Și flori la geamurile noastre,
Iar în a inimii pulsare,
E roșul florilor albastre.

O floare e mai zâmbitoare,
Când steaua râde din senin,
Iar viața mai clocotitoare,
Când vedem soarele rubin.

Acum le-adun într'un buchet
Și le arunc în versul meu.
De toarta cerului, pachet,
Voi agăța ce scriu și eu.

2 februarie 1981

NU TE TEME

Aș vrea să plâng...
Să simt în plâns răcoarea,
La care, cumva să ajung,
Fie prin somn, cu visarea.

Să simt în oftat *Alinarea*
Și-un vraf de întrebări
Să-mi afle *Cântarea* ,
Că-mi sunt doar surori.

O, câte spinoase erori
Aș fi vrut să mă mintă,
Că sub alte priviri
Eu te simt măgulită.

Nu-mi dau privirea gătită.

Ar fi în zadar...
Că pentru mine-i făcută
Dulceața amară

Poate dintr'un colț de sertar,
Viețuind peste vreme,
Din lacrimi și doruri măcar
Citind, cineva să mă cheme.

Rotunzi ochi, diademe!...
Și-un bărbat lăcrimând...
Eu să-i șoptesc: „Nu te teme,.
Acum ești la rând."

5-6 februarie 1983

LA OGLINDĂ

În oglindă, visătoare
Te priveai necunoscută.
Și de-a ochilor visare,
La oglindă păreai mută.

Te priveai tot mai aproape,
Precum umbra într'un râu,
Precum roua vrea s'adape
Floarea spicului de grâu.

Lasă o rază de lumină,
Ca să te privească ea,
Că-i curată și divină
Și-i a sufletului stea.

Ca să-ți dea a ei credință
Și cea mai sfântă parolă,
Cheamă-te la chibzuință,
Să devii aoreolă.

Și discerne printre gânduri,
În oglinda fermecată,
Că sclipirile nu-s lauri
Și nici fața ta curată.

5 februarie 1981

ADEVĂRULUI

Enorm nu sunt...
Doar gândul poate,
C'a priceput mai amănunt,
Atâta nedreptate

În patruzeci și nouă de'ncercări
Mă văd ca'ntr'o oglindă,
Iar viața acrită de mituri,
În toate se cufundă.

De-atâtea dubii paralele,
Simțirea mi se'neacă
Și sufltetul sleit de ele,
Rezistă să le'ntreacă.

Precum un mărăcine'n câmp,
Am fost privit ocol,
Favorizat de anotimp,
Magnetizat de pol.

Și de iubirea de frumos,
De aurul privirii,
De bucurii am fost setos,
De libertatea firii.

Neîntrecutul adevăr
M-a ros precum rugina,
Dar peste el nu pot să sar,
Cât voi zări lumina.

20 iunie 1982

SURÂSUL GEOCONDEI

Surâsul Geocondei - un mister...
Zănatecul, trudind, a știut-o:
O rază lucindă, pe cer.
O flacără lumii lăsând...
Trăirea încă frământă uimirea...
Și ochiul privirea,
Respectul suprem : o secundă

Și ochii și capul plecând.
Pământul ascunde un miez
Precum surâsul rămas,
Neegalat cuvânt îl așez,
Acelui ce-a iubit pătimaș.
Frumoasă făptură am privit,
Icoana Pământului nostru,
Ca tine nimeni n-a zâmbit
Și altul ca el n-a mai fost.
În zâmbetul tău e o lume
Și-un adevăr ce ne poartă ființa.
Femeile toate-ți păstrează
Credința, pe chip și în nume.
Ca el , pentru tine, n-a mai fost.
Prin dumnezeiasca -i simțire trăiești.
Unde o lume se naște și moare,
El te-a făcut să zâmbești.

16 mai 1981

DOAMNE!

Visul lasă-mi-l curat,
Că în el e lumea toată.
Toată, multe m-a'nvățat
Și îmi e nevinovată.

Vis, să nu mă ispitești,
Fii curat, clipă de clipă.
Iar cumva de mă trezești,
Tot ce-mi ceri, îți dau risipă.

Eu te chem să fim mereu ,
Când se crapă zorile.
Somnul să nu-mi fie greu
Precum supărările.

Vino, tot să uit, o clipă
Să trăiesc măcar, cu tine.
Fă, te rog, să-mi fie bine,
Fă, măcar, în vis, risipă..

10 iulie 1982

UNIVERSALĂ

Înălțată prin unghiul simțirii,
Iubirea în slăvi...
Ea-i veghea multor întrebări
Și liniștea multor dureri.

În popasul nostru iubirea
Sclipește'n arginți...
Cu ea ne simțim fericiți,
De râdem sau plângem trudiți.

Ca un vârf de piramidă,
Ca un munte de cristal,
Drumul ei pare astral,
Numele-i -universal...

Țesut cu firul, mătase-i luceşte
Cuvântul IUBIRE ...
Ocnașul Speranța-și privește
Și orbul prin dânsa trăiește.

Universul planetei noastre
A lăsat sublimul rod,
Omul cu forțele-i astre,
Croind din Iubire, mării, pod.

Și din slăvi către noi se abat
Zile grele , precum munții.
IUBIRE , suportă-le toate,
Cum ne-au suportat pe noi,
PĂRINȚII.

16 IUNIE 1981

RUGĂ

Astăzi, Doamne, îț mulțumesc.
Și cu ziua care trece,
Pot mai bine să gândesc
Și pe gând să-l fac în zece.

Pot mai multe să pricep
Din vârtejul ce-l trăiesc...
Vreau alt drum, de azi să'ncep...
Să nu mă dezamăgesc.

Totul să deosebesc,
Din puzderia de rele,
Și oricât o să trăiesc,
Tu ești crezul vieții mele.

Și-apoi fie-mi cum e scrisă.
Zilele se duc la fel,
Dar din toate una-i pusă,
Tocmai lângă sufletel.

O las scrisă să se știe,
Că nu fac mare păcat.
Și de-o fi ma rău să-mi fie,
Tragă-mi-se din păcat.

30 iulie 1982

GÂNDURILOR

Îmi adun a mele gânduri
Și-apoi unul strâng la piept.
Restul, zboare precum fluturi,
Precum pulberea'n deșert.
Că la toate drum voi da,
Să se legene prin crânguri.
Toate fie-un stol de fluturi,
Urma lor s-o pot uita.
Urma gândurilor mele,
Voi lăsa-o florilor.
Ele-s apă de izvor
Și cioburi de pietricele.
Ele-s aripa iubirii,
Ele-s zbor înălțător.
Zei din morți, nu mai aștept,
Dar pe aripi dulci, de fluturi,
 Urma lor s-o păt uita.
Să se legene pe vânturi,
Unde soarta le-o mâna.
Și deasupra, peste toate,
Fluturi albi pe pajiște,
Căutând floare cu floare,

Urmele de dragoste.
7 iulie 1981

CÂND CREȘTE PĂMÂNTUL

Când crește pământul în vatră,
Grâul crește și'n covată.
Ard în strane lumânări
Pentru-a sufletelor sori.
Arde o garoafă toată
Lângă florăreasa'mbujorată.

10 martie 1981

CRED ÎN GRAIUL OMENESC

Cerul simțurilor mele,
Plaja celor ce privesc.
Precum văd cerul cu stele,
Cred în graiul omenesc.

Firul ierbii este sacru,
Vârful lui , o moleculă,
Ne primește fără silă,
Chiar de vântul bate acru.

Și-apoi omul, dintre toate
Ce-s făcute, el pricepe
Mersul vieții când începe,
Cu credință și dreptate.

Gândul drept mi-l pironesc
Înspre-al vieții amalgam.
Chiar dreptate de nu am,
Cred în graiul omenesc.

Ale lumii fapte bune,
Îmi aduc o liniște ,
Precum soarele lumină
Florile din pajiște.

9 iunie 1981

LUME, LUME

Lumea dacă este bună
Eu sunt neîncrezător,
Fiindcă înțeleg cum sună,
Tonul gândurilor lor.
3 ianuarie 1980

VALURI

Valuri vin, valuri se sparg,
Eu adun a lor splendoare,
Pentru suflet, să-l dezmierd
Și cu clipele amare,
Lacrimile mi le cern,
Restul, ducă-se'n infern,
Printre valuri ce se pierd.

Valuri vin, valuri se sparg, ,
Eu, din vârful de catarg,
Văd și soare, și'ntuneric,
Tot ce-i rău aș vrea să ferec,
Binelui să-i fac catarg.

Valuri vin ca o furtună,
Peste toate, tot mai mult.
Vreau privirea săă-mi ascund,
Dar lovind, aud cum sună,
De simțirile-mi pătrund.

Cât de mult aș vrea să pot,
Să fac valul unduios.
Din urât să fac frumos,
Din frumos, un albatros.
Ca pe val, sub cer senin,
Binelui să mă închinn.

Sfârșitul lunii aprilie, 1982

UNUI CREION

Dragul meu,
Mi-ar fi atât de greu
Să mă despart de tine,
Dar bunul Dumnezeu
Se va gândi la mine.

Prieten bun mi-ai fost
Și frate, pot să zic...
Și câte ți-am vorbit,
Cu rost și fără rost.
O, dragul meu creion,
Mi-ești vis și bastion.

Aș vrea, la rândul tău,
Să fii precum sunt eu.
Și te mai rog, iubite,
Când vârful ți-l ascut,
Dă-mi forța ta de scut,
Și strălucire'n toate.

Scrisă înainte de a da examen la "Tonitza"

UN MIC SECRET

Te-ai născut cu sufletul poet,
Acolo unde lutul e fertil,
Acolo unde râuri curg încet
Și timpul în istorie-i umil.

Te-ai născut cu sufletul poet,
Frumos, cum nu-i al nimănui.
Doar unora le pari un secret,
Iar altora le ești un cui.

Nu dispera, ci speră mai curând,
Curând ce este-al tuturor.
Sortirea noastră, rând pe rând,
Păstrează lutul sfânt, folositor.

Tu te-ai născut cu glorie săracă,
Precum tot neamul tău s-a stins,
El n-are loc, mormânt să zacă,
Lăsându-ți ție, gândul necuprins.

Ca tu să știi să-i pomenești pe rând,
Prin flacăra credinței pentru neam,
Cu scrisul ca al apei und,
Ca verdele nevinovat din ram.

Și să le fie cruce rima ta,
Și vadul Ialomiței să-i mângâie.
Și preaslăviți, acei ce vor cânta,
În cântec neamul tău să fie.

25 august 1983

VIS

Zâna nopții'n rochia-i albă,
Calea visului înfruntă.
Fin grăiește, că -mi descântă,
Cu mărgelele din salbă.
       Ca o strună de subțire ,
       Ea îmi spune'n drumul mare,
       Să privesc și să ascult ,
       Că îmi este ursitoare
       Și mă'nvață cel mai mult
Poate -ți este cu mirare,
Pentru ce ai plâns în șir.
Și'n a ochilor visare,
Vedeai rozul trandafir.
       Uite'n vis ce poți pricepe!
       Și credeai că nu se poate...
       Mâine cugetă și'ncepe
       Și alege tot, din toate.
       Uite-ți îngerul în cale,
       Fericit, cu clipa trece
       Tu, robit de dor și jale,
       Ești necunoscut și rece.
       Tu, domol, ți-arunci privirea,
       Înspre umbre trecătoare
       Și te'ntrebi cu întristare
       Asta merit? De ce oare?

Nu te întreba pe tine,
Despre ce nu poți alfa,
Că ce-i scris, îți aparține
Asta spune salba mea.

>Lasă lumea să se-ascundă,
>În credința fericirii.
>Fericirea să-i pătrundă
>Și nemulțumirea firii.

Să alerge și s-aleagă
Ce nicicând nu va găsi.
Urma lacrimilor steargă,
Dacă încă vor mai fi.

București 1978

PENTRU CINE?

Pentru cine-aduni speranțe,
Dacă una nu străluce...
Unde-s căile năluce, care viața să-ți înalțe?

Pentru cine te-ai născut,
Genă fără de noroc,
Luptător fără de scut,
Viața ta este un joc.

Și de-a pururi vinovat,
E în veci numele tău...
Pare șarpe'nveninat
Și uitat de Dumnezeu

17 martie1982
București

FANTASTIC

Fantastice chemări
se nasc în orice clipă
Și multe se'nfiripă,
Sau tot atâtea mor.

Fantasticul transformă,
Când țelul e aprins,

Aprinsă-ți pare-o lume,
În fond, totul e stins.

Și taina se așterne
Pe-a țelului cărare,
Fantastic echilibru,
Fantastică chemare

Fantastic pare totul,
Acum, dacă te-ai naște,
Fantastic de temută
E moartea când te paște

Fantastic pare-atunci,
Când steaua ți-a căzut.
Tu mort încă nu ești,
Iar altul s-a născut .

Omule, transformă faptele în vise,
Dă viselor mărire'n fapte,
Fantastic somn să fii trezit!...
Trezirea ta să n-aibă moarte.

20 ianuarie 1979

București

LUMINĂ SFÂNTĂ

Lumină sfântă,
Tu ești cuceritoare
Viața noastră,n veci te cântă,
Tu rămâi nemuritoare.

Tu, pe-a lacului oglindă
Nuferii îi savurezi.
Cerul tot vrea să ne prindă,
Când tu ne supraveghezi.

Tu rămâi neobosită,
Tu ești marea depărtare,
Proaspătă ca o'ntrebare
Tu rămâi ne'nlocuită.

20 ianuarie 1980

PĂTRUNDE-MĂ, PRIMĂVARĂ!

Pătrunde-mă, lumină,
Așa cum te iubesc,
Cum toate ți se'nchină,
Cu simț dumnezeiesc.

Prinde-mă, în raza ta,
Mirosind a floare,
Ce ochiul mi-l va încânta,
Cu polen de vrăjitoare.

Și tot mai aproape,
Să-mi fii nădejde pe lume,
Precum limpezimea din ape,
Păstrează viața anume.

Pătrunde-mă, primăvară,
Cu toate darurile tale,
Și raza scoasă în cale,
S'o prind în braț, când coboară.

17 mai 1982

PASĂREA PHOENIX

Un nor și un munte
Întunecă soarele.
Parcă-i ciclop,
Polifem marele.
Parcă-i o mare.
Se'ntinde în zare...
E-o pasăre mare,
Dar nu jucăușă.
Oricât ai ucide-o,
Se naște din cenușă,
Are un cap mare,
Aripi uimitoare,
Oțele în gheare.
A zămislit-o Zamolix.
Aceasta e pasărea Phoenix.

De ARTEMIS TOADER (Fiul), Decembrie 1979

CURIOSUL

Nici nu apucă să se nască
Și ar fi vrut să cunoască
Dar n'apucă să spună nici un cuvânt,
Că nasul și-a băgat
Unde nu-i fierbe oala
Și a intrat în el chiar boala.

De ARTEMIS TOADER (Fiul)

Decembrie 1979

ATÂT NECUNOSCUT

Îmi sunt toamnele din păr,
Cernute de visare,
Iar gustul mărului s-a dus
De-atâta așteptare.

Atunci priveam la părul tău,
Șuvițele buclate-ascunse,
Și aș fi vrut atât de mult,
Să mă cuprinzi în vise.

Ce mute gânduri fermecate,
De chipul tău m-apropiau,
Și nu știu ce mă îndemna,
Credința să ți-o dau.

Priveam atunci la ochii tăi,
Rătăcitori, sfioși de mine,
Dar ce mă îndemnau nu știu,
Să vin mereu spre tine.

Mereu, mereu îmi amintesc
De vorbele de la'nceput,
Erau pre mici pentru un drum,
Cu-atât encunoscut.

Noiembrie 1979
București

NOAPTEA

Emanații de tăcere
Noapte, ziua o închei.
Genele domol le-astâmperi,
Oboseala o alungi.
Gândului, firul retezi.
Și'ntr'un somn adânc, te duci

        Într'o liniște ciudată,
        Unde firul iar începe,
        Din lăuntrica poveste
        A uitării fără margini...
        Somnul a fugit în zori,
        Visul tu nu-l poți pricepe.

Bucurie sau tristețe,
Lasă visul s-o măsoare,
Delicata și precisa,
Undă când adormi , apare
Visul a fugit în zori
Și în urmă-i alinare.

        E târziu și noaptea-i cruntă,
        Pleoapele nu au astâmpăr,
        Chemi un fir de somn să-ți curme
        Gândurile măsluite,
        Noaptea trece cu speranța ,
        La un vis de trei minute.

Și se duce, alta vine,
Nechemată, nevisată,
Noapte, stropul tău de-o clipă,
E o noapte-adevărată.

        Greieri cântă pe'ntrecute
        Sub perdeaua-ți de mătase
        Licurici, treziți de-o vreme,
        Întunericul străbat.
        Paște murgul iarbă dulce,
        Că în somn, iarbă visase.

E târziu și'n odăiță
Pâlpâie o mică stea,
La lumina fără raze,
Doarme el sau doarme ea.

        Și'n a nopții adiere
        Ce se-abate peste noi,
        O fereastră-i larg deschisă,
        Tufănelele zâmbesc,

O pereche'ndrăgostită.
Se sărută, se iubesc.

Într'o lume a tăcerii
Și a visului de-o clipă,
S-au zidit atâtea ziduri,
Tencuite cu povești,
Dar în zori, dezamăgit,
Visul pleacă, altul ești.

Un cocoș, stârnește zarea,
Cu alesul lui cântat.
Din plăcuta-i adormire,
Mama s-a trezit , sărmana,
Și la leagăn se întinde,
Pieptul dezbrăcând jumate,
Întunericul e negru,
Alb și bun e sfântul lapte.

Timp de zi și timp de noapte,
Între dragoste și ură,
Prag de viață și de moarte,
Echilibru și măsură.

Că un somn fără visare
E ca viața fără țel,
Și ca ziua fără soare,
Și ca paiul subțirel.

9 Septembrie 1979
București

SPINI

Deghizată-i omenirea
Rău este când o'nțelegi,
Bine-ar fi să nu pricepi,
Ci doar binele s'alegi.

Tu faci bine, bine nu-i...
Alții par limpezi la gânduri,
Dar fără de căpătâi.

Ei sunt vătămați din fașă
Vor de falsul vieții lor,
Nimănui să-i pasă .

Ei nu pot să înțeleagă,

Decât bine pentru ei,
Și fac caz până la ceruri,
Când le spui că n-au temei.

Te aruncă în vâltoare,
Fără scrupul sau motiv
Și'n a răului vâltoare,
Te zdrobește, și-i pasiv.

Născociri se pun la cale,
Fără nici un fel de preget.
Țelul lor e o parolă,
Pe al tău îl pun la deget.

După lauri și cununi, ei plâng,
Dar alarma lor te'nfruntă,
Crezuți se cred, dar fără crez,
Cu drepții când se luptă.

Deghizați, smeriți și reci,
Ei vând soarele pe-o sută,
Ponegresc mult Adevărul,
Cu a lor simțire slută.

Tu încerci, însă, zadarnic,
Să schimbi lumea asta mare
Și'ncercând, te simți mișcat,
De tot ce poate fi ea în stare.

Apără-te! Dacă spinii
Cu' nțeparea nu te lasă
Și n-ai armă pentru dânșii,
Dă credința ta, aleasă!

Mult am dat și mult vom da,
Ca spinoșii să priceapă
Un alt mod de-a exista
Și de unde să înceapă.

Omul iubitor de lege,
Demnitatea lui o paște.
Răii n'o pot înțelege
Și nici a o recunoaște.

2 septembrie 1979, București

DORINȚA, FAPTA ȘI IZBÂNDA

Dorința omului e mare,
Dar izbânda lui e mică.
Ea-i sublima încercare
Ce în viață îl ridică.
Când izbânda-i cu sudoare,
Mai ușoară-ți va părea .
N-ar avea asemănare,
Când din lacrimi s-ar isca.
Și dacă se încunună
Vreodată fapta ta,
Vremea vine, o adună,
Și-amintită va fi ea.
Gândurile când se-anină,
Izbutind să se unească,
Semnul cerului închină
Omul care se dedică.
Și mereu ți se anină
Gândul tău, de fapta ta.
Ea e raza de lumină,
Ce prin timp te va purta.

30 ianuarie 1982
București

SCRIU ȘI EU

Eu mai scriu , să-mi aflu rostul,
Scriu , ca să nu trec ca valul,
Peste tot ce e al nostru.
Om de vază nu am fost,
                  Nici nu scriu ca să ajung,
                  Nici ca să ocup vreun post
                  Dar prea multe se răsfrâng,
                  Și prea mutle-s fără rost.
Nu aleg cuvinte'nalte,
Că nici vremea nu-i aleasă
Nici trăirea mea făloasă,
Precum totul, și-apoi toate
Nu mă iartă, nu mă lasă.
                  Tocmai când mă duc la vale,
                  Aleg faptă lângă faptă
                  Și mânia lângă jale,

37

Scena-i tristă, zestrea-i proastă,
Să-mi lucească în anale,
Nici să-mi vânture ideea,
Să-mi sclipească epopeea
În volume fără preț,
Sau să fiu la fel ca ăia,
Ce se trag din neam semeț.

Legea sufletului meu
Mă înalță și coboară,
Mă'nspăimântă tot mereu
Pentru legea-mi scriu eu iară,
Pentru ziua ce coboară...
Dar de ce?... Nu știu nici eu.

18 ianuarie 1982
București

ÎNCRUCIȘĂRI

Drumurile se'ntretaie,
Crengile de vânt se'ndoaie.
Ca și gândurile noastre,
Ba sunt negre, ba albastre.
N e despart drumurile,
Unească-ne soarele,
Nopțile cu stelele,
Trupul cu plăcerile.

Caută soarele 'n nori,
Lacrimi pentru visători.
Și crăiasa printre flori,
Oftat fără întrebări.
Tremură firul de iarbă,
Fără roua nopților.
Vitregit, iubirea'ntreabă
Unde-i lacrima din nor.

28 mai 1982
București

CONJUGÂND CONSOANE

Numele tău nu-i Teten!
L-a fabricat o limbă de copil

Conjugând consoane fără gen,
Le-a dat o formă și un stil.

Că'n stilul limbii care crește
Lipsește "R" și ce nu sunt
Decât în limba de poveste
Cu zmeii toți de pe Pământ.

Când sora ta te-a botezat,
Tu dinții îi aveai de lapte...
Și azi , cu părul înspicat,
Teten îi ești, până la moarte.

5 februarie 1982

AȘ FI VRUT

Aș fi vrut să mor de mult,
Pe sub poale de pădure,
Dar cum toamna sunt născut,
M-a ținut în păsuire.

Ca să fac lumii necaz,
Nu m-am ținut de cuvânt
Și de mor, în nici un caz
Nu le spun ce e'n pământ.
Voi chema moartea din vreme,
Să mă sfătuiască'n bine,
Iar cu valul care geme,
Să mă duc pe mări senine...

Să dispar ca o nălucă
Nimenea să nu mai știe
Dor de mine de-i apucă,
Să-mi citească-o poezie.

17 ianuarie 1982
București

EȘTI

Ești în gândurile mele,
Și amărăciune, și dulceață ,
Ești aprinsul roșu din lalele,

Ce mă întristează și mă 'nalță.

Ești armonia clipelor amare,
Ești Dor și raza cu mânie,
Ești cerul meu cu soare
Ești mica și marea bucurie.

8 ianuarie 1982
București

PRETUTINDENI

Pretutindeni zbor în zare
Melodii neegalate,
Gânduri făr'asemănare,
Cu a lor complicitate,
Cu simțirea cea mai pură
Ce'n a notelor măsură,
Poartă a noastră alinare.
Pretutindeni, zborul lor,
Răscolește câte-un dor,
Din pulsare în mișcare,
Care mângâie și doare.
Melodii fără egal,
Rupte din astralul val,
Din mister și fantezie,
Din jăratec și mânie,
Din a lui melancolie,
Omul - pretutindeni -,
Scrie...

2 martie 1982

SUS, PE CULMILE SUPERBE

Cu speranță-mi urcă gândul,
Sus, pe culmile superbe.
Prin speranță mi-am găsit rândul
Și pricep viața cum fierbe.

Sus, prin cer fără hotar,
Unde nu-s oceane, munți
Gându-mi zboară solitar,
De la diavoli, pân'la sfinți.

Și alerg după credință,
As dori la ea s-ajung,
Ca să scap de umilință
Și oftatul meu cel lung.

Sper năvalnic, să te bucuri,
De senin și multe flori.
Gândurile să le scuturi,
Într'un cântec cu fiori.

Din credință, fă-ți speranța,
Omule, pe-acest pământ,
Prin dreptate și cuvânt,
Împletește-ți rost în viață.

24 august 1982, București

RĂSCOLESC VREMEA UITATĂ

Răscolesc vremea uitată,
Ca să pot să-mi amintesc,
Dacă am știut vreodată,
Un alt nume să șoptesc.

Dar, zadarnic, cât aș vrea,
Timpul să-l mai răscolesc,
Viața mea nu va cunoaște
Alt fior mai omenesc.

Dacă voi șopti zadarnic,
Numele care-l iubesc,
Sufletu-mi va fi amarnic,
Pe pământ cât mai trăiesc.

Și oricât m-aș reculege,
Dacă-i sufletul rănit,
Cine mă va înțelege
Că pe tine te-am iubit.

Răscolesc vremea uitată
Și la tine mă opresc.
Eu te vreau pe viața toată,
Că pe tine te iubesc.

15 februarie 1982, București

TOAMNEI

Iacătă-mă, toamnă blândă!...
Aş dori să-ţi fac colindă..
Mai adânc te simt în mine
Şi senin mă uit la tine.

Iacătă-mă, lângă tine, însetat,
Agitat că pătimesc nevinovat.
Dacă poţi, ajută-mă, curând,
O ştire dă-mi, prin pala ta, de vânt!...

Poartă-mă prin locuri depărtate,
Cu inima şi faptele curate,
Apoi să-mi laşi mereu statornicie,
Să cânt meeu această melodie.

Şi dacă tu m-ai înţeles,
Te voi cuprinde'n al meu vers -
Răsplată celor luminaţi,
De-a mea iubire, neuitaţi.

27 septembrie 1982, Bucureşti

PAHARUL CU VIN ROŞU

Paharul cu vin roşu sub bolboci
În el e adevărul absolut
Şi clipa vieţii de la început
Trezind oriunde, spiritul din roci.

În drumul scurt al vieţii noastre,
Să fim purtaţi de adevăr,
Precum e luna printre astre,
Ori albul pur din florile de măr.

Să nu uităm cuvântul din cuvânt
Nici pasul nostru pe pământ,
Nici raza care ne-a'ncălzit,
În ziua'n care am venit.

Nici eu nu uit o zi din toate,
O zi în care imnul meu,

Din suflet vine mai aproape
De lumea ce-o visez mereu.

10 iulie 1982
București

SENIN DISCRET
   Pentru Nini și Andrei

Lampadar îmi este luna
Și sub el sclipește-o stea.
Trei lăstuni se joacă'ntruna,
Prin a teiului perdea.
Poste florile'ndulcite,
Roiuri de arome'n zbor,
Eu pe toate le'nconjor,
Tot cu gânduri tălmăcite.
Forma lunii stă boltită,
Ca un abajur turcesc,
Sau o barcă azvârlită,
Pe ocean dumnezeiesc.
În acest senin discret,
Îmi strecor spre voi o rază,
Nu savantă, nici poetă,
Sufletul îmi este oază.
Îmi strecor spre voi privirea
Prin acest senin discret,
Dorul cu nemărginirea
Și al inimii secret.

9 iunie 1982
București

1 9 8 2

În marmoră albă,
Îl dăltui cu preț.
A lacului dalbă
Lucească-l semeț.
Celui care vine
În slăvi să-l înalț,
Cântările-i sune
În turnuri de smalț.
Pe tine 1982 te primesc

Cu cânt strămoşesc.
Prea cinstit şi slăvit
Pentru mine rămâi.

Ajunul Anului Nou 1982, Bucureşti

NU VREAU PIC

Mult nu vreau, ci mai nimic,
Iar când mor, nici lumânare.
Doar o rază de la soare,
Asta fiindcă unii zic,
Că a mea întruchipare
Ne'nţelegătoare pare,
Pare mai mult un nimic.
Încă nu cer îndurare,
Şi să vreau, nu am la cine.
De mi-e rău sau dor de bine
Cui să-i zic?
Ce să cer de la nimic?
Şi de-mi dă, să fie al meu,
Mult, puţin, să-mi fie stea,
Să ştiu cui să mă dedic,
Asta zic!
Gustul pare vorbă'vânt,
Îl aflăm numai gustând,
Când în trup totu-i profund.
Toate-s pline de avânt.
Cum şi când,
Mai devreme, mai curând,
Când făptura-ţi e curată,
Totu-i dragoste şi cânt.
Aşa zic.
Nu vreau pic
De la nimic,
Nu că-s mic sau prea pitic,
Prea cred luna un amic,
Şi m-am înşelat mereu,
Zău.
Nu mai ştiu ce-i bun sau rău.
Poate-mi spune Dumnezeu.

7 decembrie 1982, Bucureşti

PRECUM NORII

Precum norii curg sub soare,
Și-a lui rază ne-o ia vântul,
Tu, pe când erai o floare,
Mi-ai luat discernământul.

Și în locu-i, tu ești toată,
Fir subțire de cicoare,
Ochii, zâmbetul mă'mbată.
Mi-ai rămas fermecătoare.

Lasă-mi toate ale tale
Daruri fără de egal,
Să le port cum râu-n vale,
Poartă lacrimile'n val.

4 februarie 1982, București

SIMȚURILE

Face-s-ar doar o idee
Toate simțurile mele.
Sau o floare din alee,
Privind licărul de stele.

Sau o salbă de acorduri
Născocite de furtună
Și sub clar de lună plină
Dirijând un cor de greieri.

Și o sfântă judecată,
Sub coroane de scântei
Bucurându-mi viața toată,
Cu al dragostei temei.

Prindeți simțurile voastre
De -ale mele, laolaltă.
Mâine sper să fiu în stare,
Să discern ideea toată.

Peste lapsus o idee,
Licărirea rimei cânt,
Ca un zâmbet de femeie,
E ideea pe Pământ.

Vreau o sfântă judecată,
Sub coroane de scântei
Judece-mi nevinovata,
Ce-mi vrea vârful de condei...
Judece o lume'ntreagă,
Ce speranţă-i sub condei.

20 decembrie 1982, Bucureşti

SPERANŢA

Speranţa ne poartă prin lume
Şi echilibrează viaţa anume.
De ea , soarta nu vrea să ştie,
De-s lacrimi sau mânie.

Firavă, din idee'n idee se duce,
Gingaşă ca o floare de cais
Izbânda'n speranţă e clipa de vis,
Făcându-ne viaţa mai dulce .

Fir de mătase subţire ,
Catifelate gânduri urzeşti,
Ne faci să visăm fericre,
Speranţă, comori şi poveşti...

Firavă eşti, idee dulce...
Tu vii şi pleci , într'o secundă.
În fermecătoare-ţi undă,
O lume ar vrea să străluce.

15 octombrie 1981, Bucureşti

DOAR PĂDUREA

Dac'aş şti cât e de crudă
Soarta zilelor ce am
M'aş ruga, să mă audă
Doar pădurea, cu-al ei ram.

Să mă mângâie o frunză
Cu-a ei nevinovăţie
Focul de-o va face spuză,
Primăvara , ea învie.

Când pe codru-l bate vântul,
Șoapta lui să mă aline...
Doamne, ține-mi simțământul,
Să pot face numai bine.

Doamne, vântul bate, bate,
Cum pe mine gânduri bune,
Râurile tale toate
Facă-mi graiul să răsune.

20 octombrie 1981, București

LUNA PRINTRE POEȚI

Luna blestemă zăludă,
Când poetul n'o privește.
Când jumate e aprinsă,
Parcă strigă:

Lasă-ți lira fără coarde
Și poemul fără har...
Vezi-mi fața cum îmi arde,
În zadar.

Cântă-mi raza lucitoare,
Ca să supraviețuiască.
Nu-mi aduce'n drum tristețea.
Raza-mi te urască.

Lasă-ți liberă credința
Și mai slobod sufletul,
În cuvinte-adevărate,
Bate-ți clopotul.

Slova-ți fie zugrăvită,
Cu simțirea ta, română,
Razele-mi fie-ți o orgă,
Ce în melodii răsună.

Tu rămâne-vei pe lume
Vrednic și nemuritor,
Iar poema ta'ncunune,
Graiu'ntregului popor.

29 august 1981, București

FIȚI FERICIȚI

Voi, îmblânzitori de gânduri,
Ce știți bine să loviți,
De lăsați pe fețe riduri,
Fiți fericiți.
Îmblânzitori de gânduri,
Voi veșnic tăinuiți,
Iar noi, pe frunți, cu picuri,
Așa cum ne priviți.
Nimicul din nimicuri,
Amarul din amaruri,
Privind, vă lăfăiți.
Și dacă purtați arme
În mintea ruginită,
Gândiți că lumea doarme,
Purtată de ispită?
Gândiți că lumea doarme
Și că poarta vieții
E numai pentru voi,
Iar demnitatea voastră
E șanțul cu noroi.
Nu! Noi suntem o-mplinire
Cu sfânta ei simțire.
Cu inima curată,
Noi alinăm durere
Și dezlegăm mistere.

25 septembrie 1981, București

DĂRUIRE

M'am dăruit doar ție,
Părtaș în cap de gând,
Și datu-mi-ai să fie
Oftat în primul rând.

        De-atunci trecut-au multe
        Reci toamne și ninsori,
        Cu vrute și nevrute,
        Cu mii de întrebări.

Și vor mai trece oare,
Așa cum trec acum
Furtună și vâltoare,

Cu pulbere și fum.

Sau soarta te va duce
Suflându-te'nspre-o cale,
Să fii, poate, ferice,
Sau să oftezi cu jale.

Dar toamna fie bună,
Zâmbind, să întârzie,
Cu soarele'mpreună,
Să vadă-a ta mânie.

Să-ți lumineze sfântul
Credința și trudirea
Să-ți fie drept cuvântul,
În toată strălucirea.

În ochii tăi adânci,
Ca fundul de ocean,
Ai mei se pierd ascunși,
Ca un copil orfan.

19 septembrie 1980, București

SE ZICE

Când s-a plămădit pământul,
La botez i-a cântat vântul.,
Cântec dulce sau amar,
El e vechiul lăutar.

Cocoșii cu zorile,
Lumea cu părerile.

Când lumea s-ar fi făcut,
Avea graiul ca și-un mut.
Dar lumea când s-a văzut lume,
Vorbește, de face spume.

Lumea cu părerile,
Moșii cu durerile.

Se zice că un nou născut,
E ca puiul de mamut.
Dar sugând lapte de mamută,
Om devine, sută'n sută.
Ielele cu rochii lungi,
Cântă'n zori, numai la prunci.

15 ianuarie 1981

FLOAREA DE CAIS

Cât mai sunt caişii'n floare
Eu simţirea mi-o ating
De-o petală zâmbitoare,
Ca tristeţea să-mi alung.
      Roze, flori, parfum mă'mbată
      Şi privesc cât pot, în zare.
      De fiori mi-e fermecată
      Lacrima de supărare.
Vântul, florile sărută,
Strecurându-se prin crâng.
Gândul meu e o lăută.
Floarei de cais mă plâng.
      Astăzi cânt şi mâine plâng.
      Cât caişii mai au flori.
      În petale să mă frâng,
      Să rămân fără fiori.
Şi a primăverii cale,
Să culeagă gândul meu,
Eu, la albele petale,
Să privesc mereu, mereu .
      Astăzi râd şi mâine plâng...
      Cât caişii mai au floare,
      Eu simţirea mi-o ating
      De-o petală zâmbitoare.
26-27 aprilie 1980, Bucureşti

SCRII

Pentru cine scrii târziu
Şi tot laşi a tale gânduri,
Să pătrundă în pustiu?
      Scrii când soarele se lasă,
      Despre ale vieţii valuri,
      Ce te saltă şi apasă.
Scrii cântări răscolitoare
Şi tot vrei ca ura lumii
Să o'nlocuieşti c'o floare.
      Printre file de hârtie,
      Semeni tot ce tu ai vrea,
      Dragoste şi armonie.
Toţi poeţii lumii-au scris
Pentru lumea care vine,

Să pătrundă către vis.
>   Și oftând, în taină plângi,
>   Scrii sperând că afli calea,
>   Ca la dânsul să ajungi.
>   Și tot scrii, până târziu,
Lăsându-le toate pradă
Timpului pentru pustiu.

17 februarie 1980, București

DACĂ

Și de-aș ști ce bine-ar fi!...
Aș semăna trei semințe:
Una, *zâmbet de copil* ,
Alta, *încrederea* să fie,
Iar a treia, pe câmpie,
Floarea care-mi place mie.
Toate trei, în armonie.
Zâmbetul să-mi fie'n față,
Iar *încrederea*, mireasă.
15 iunie 1980, București

ZâMBIȚI

>   De n-am zâmbi, degeaba am vorbi,
>   Că cei mulți nu vor s'audă
>   Vorba din privirea crudă.
>   Că zâmbetu-i făcut,
>   Să-l arătăm curat,
>   Ca pruncul cel nevinovat,
>   Când mamei i-a zâmbit.
>   Și pe-o floare parfumată
>   Zâmbetul o'nlocuiește.
>   Dar c' un rânjet, niciodată,
>   Că de el se ofilește.
>   De aceea eu zâmbesc
>   Și stelelor în noapte,
>   Speranța să mi-o amăgesc,
>   Și dorul, cât s epoate.
>   Zâmbiți, zâmbiți, voi toți,
>   Că și soarele, sus,
>   Zâmbește fără nori,
>   Ca fete'ntre feciori,
>   Sau luna spre apus.
>   *13 iunie 1980, București*

COMUNICARE

Ascult natura prin frunzele plopilor
Cum trunchiul lor se înalță în ceruri
Și eu, întrebător, îmi ascult lumina ochilor,
Cum frunza'n evantai, se leagănă stingheră
Și ochiul, fascinat privind, mai rar clipește.
Întreaga mea ființă, în cântul foșnetului este
Parcă vorbește această pură comunicare.
Prin ea înțelegem tot ce-i sub soare.
Asemeni ei, pășim din zi în noapte, spre biruință.
În foșnet de plopi, sfărâmat de credință,
Privesc un minut la puful ce zboară haotic
Și sub acest botez, uit de suferință.

Scrisă pe malul lacului Băneasa
Iulie 1980, București

LUI ANTON PANN

Nu te iubesc stimate domn,
Pentru că ai fost vulgar.
Cuvântul tău e-atât de clar,
De-mi uit al meu amar.

Tu faci o artă din poreclă,
Tu faci ca auzul să plutească,
Tu faci călăul să zâmbescă
Și bagi călugăru'n păcat.

15 decembrie 1980, București

SĂ POT

Să pot pricepe o chemare
Ce mi-a fost dată din nascare.
Aș genunchia spre noul soare,
Ca lupta mea cu el să'ncep.

Dar mă întreb: Cu-a mea făptură?
Și cu o inimă plăpândă,
Ce mai bine toate'ndură,
Decât lupta de-o secundă?

Tot mereu gândul m-abate
La șuvoiul de cuvinte...
Fost-au toate nestemate,
Pentru-o inimă fierbinte.

Te-a adus vântul în cale,
Struna gândurilor mele,
De mă porți ca râu'n vale,
Pe cărări pline de rele.

Ca o zână'ntruchipată,
Mă pătrunzi fără 'ncetare
Mă'nfior la vorba care
O arunci înveninată.

Și pecetea ta palidă,
Ce ți-au pus-o ursitorile,
Să-ți rămână'n piept firidă
Și în veci visările.

2 iunie 1980, București

PARI SFIOASĂ

Despletită și aprinsă,
Pari o stea în depărtare,
Și ca dânsa, neatinsă,
Pari cuprinsă de visare.

Uluită pretutindeni,
Pari ca sfânta biruință,
Aducând pe-a tale brațe,
Frumusețe și credință.

Pari sfioasă,
Dar aprinsa pătimire,
E ca tine de frumoasă,
Flacără fără oprire.

Iar sclipirile de raze,
Par șuvițe lungi, de păr,
Ce pătrund în universul
Frământat de un mister.

Pari sfioasă,

Dar aprinsa pătimire ,
E ca tine de frumoasă,
Flacără fără oprire.

10 februarie 1980, București.

ISPRAVĂ

Nu aduc mare ispravă
Rândurile mele,toate ,
Dar cu sufletul meu lavă,
Am să scriu până la moarte.

Vreau să fiu cât mai aproape.
Cât trăiesc, să nu mă pierd.
Chiar de-mi curg lacrimi pe pleoape,
Florile tot le dezmierd.

2 decembrie 1980, București

VIOARA

Vioară, simbolul atâtor cântări fermecătoare
Din fibra pădurii, sălbatică, pustie,
Vibrând, tu te-ai născut în sunete nemuritoare,
Al tău egal, pe lume, să nu fie
Pe-a tale strune, născocitorul trăiește, și în veci
El a rămas un soare printre toți,
Să încălzească atâtea inimi reci.

21 noiembrie 1979, București.

TREC, MAI BINE, DEPĂRTAREA

Cerul tot e nourat
Și ca el, sufletul meu,
Și ca mine, tot norodul,
Blestemat de Dumnezeu.

Nădejde aștept în cale,
Unde-mi străjuie credința,
Unde-i raiul din anale,
Și'n altare, umilința.

Unde clipă după clipă,

Vin din cer, ca blestemate,
Crezul neamului să-l rupă
Și-ale mele vise toate.

Nu-s atâția îngeri încă,
Pe câți robi i-a înhămat...
Să-mi las crucea sub poruncă
Și să cânt ce mi-au dictat?

Trec mai bine depărtarea,
Marea sau oceanul tot,
Să-mi aline îndurarea,
Fiul lor să mă socot.

București, noiembrie 1977

ÎNTUNERICUL

Întunericul, în beznă
Se văzu cam stânjenit
De-o sclipire de scânteie
Ce venea din infinit.
        Întunericul, sărmanul,
        Tot dorea să-i vadă fața,
        Din altaruri, așteptarea
        Îi apare dimineața.
Tu, scânteia nemuririi,
Cu sclipiri nesămuite,
Ai adus din marea albastră
Viața plină de ispite.
        Ai chemat și depărtarea
        Din văzduh de curcubeie
        Fericiți sori și cu stele,
        Întunericul să-l ieie.
Tunet, trăznet -
Fulger fără cugetare...
Cheamă mica de scânteie
Întunericul dispare.
        Întuneric, somn, visare,
        Totul doarme,
        Numai mica de scânteie
        Merge către depărtare.
Norii de la polii mari
Au trimis a lor uimire,
Să oprească, dacă poate,

Iară mica de scânteie,
Din albastrul infinit,
Să sclipească în neștire,
Întunericul vrăjit.   .

Urma lui, soare să fie
Și sclipiri nemuritoare,
Să lumine universul...
Întunericul dispare.

1979, București

MĂTĂNII PENTRU SOMN

Fac o mie de mătănii,
Fac oricâte o vrea Domnul...
Le măsor și opresc una,
Poate îmi grăbește somnul.

El apare ca o umbră
Și-mi mestecă simțirea,
Eu mă'ntorc să-i fiu aproape,
Să-mi zorească adormirea.

Dar rămân în cumpănire,
După ruga mea supremă,
Gânduri, gânduri, vin în stoluri,
Aducând o diademă.

Ea încântă și descântă
Oboseala, gândul, forța,
Patima dorului sfânt,
Arde'n vălvătăi, ca torța.

Și în somn cu ațipire,
Pradă mi-a căzut visarea
Dar trezirea, ca năluca,
Îmi aduce întristarea.

Dacă ruga-mi fără crez
E atât de tălmăcită,
Oare somnul meu, sărmanul,
Îmi mai dă clipa dorită?

Decembrie 1979, București

SUSPINUL

Veniți, voi, din patru zări de cruce,
 Veniți, chemați și nechemați,
 Veniți, de nu puteți, vă rog să mă uitați
             Să suspin doar eu, că-s învățat
             Să râd, să plâng și 'ntr'un suspin adânc,
             S-adorm! Suspinul să mi-l culc.
O singură clipită să visez, atât.
Și'n vis să te apropii cât mai mult,
Să vii atât cât tu dorești, că te ascult.
             Să mă trezesc din beatul vis,
             În zgomote de dulci suspine
             Și amețit, să tot ascult, să-mi fie bine.
Și-apoi, să mă îmbăt cu vin amar,
Fredonând o melodie dulce.
Pe drumul fără de hotar, hotar să-mi fie-o cruce.
             Veniți, chemați și nechemați,
             Voi harfa fermecată, s'ascultați.
             Un singur "do" vă va uimi,
             Ca mai apoi să suspinați.
Suspinul, ca un diamant,
Se va'mblânzi de glasuri neștiute.
Și-un zâmbet îl va'nlocui, din tainice ispite..
             O întrebare vă veți pune...
             Dar veți ofta, fără răspuns,
             Căci viața are semne de'ntrebare.
             Cu ele toți ne naștem, și totu-i numai vis.

16 octombrie 1979, București

NĂSCUT CU DEFECT

Am simțit o viață'ntreagă,
Ceea ce nu mi-am dorit:
Simțul meu, neînțeles,
A fost veșnic murdărit.

Pata sufletului meu
Este pată și pe drept:
Am venit sincer pe lume
Și în lume am defect

Eu nedrept sunt pentru lume,
Cum și lumea pentru mine;
Fapte bune, vorbe rele...
Oare ce mi se cuvine?

Și ce pot să fac cu mine,
Când în cale mi se-abat,
Ale vieții'ntortochiate
Zile, numai cu păcat.

Să fiu aprig și să'nfrunt
Valul vieții cu-a mea luntre,
Ce rotundă se arată,
Precum luna când apune.

27 ianuarie 1980, București

UN VIS CIUDAT

Pe un fluviu înspumat,
Mă luase vântu'n dinți...
Cerul era plin cu sfinți.
Mă rugam neîncetat.

        Când barca lovea la mal,
        Din văzduh, un sfânt țipa,
        Că lovindu-mă un val,
        Coiful, sabia-mi , zburau.

Mă luptam cu vântul rău
Și gemeam de-atâta trudă,
Când, venind la patul meu,
Mama-mi șterge fruntea udă.

        Nu credeam că sunt în pat
        Și nici coif c-aș fi avut,
        Bâjbâiam pe sub macat,
După coiful cel pierdut.
Însă somnul m-a furat,
Când să-mi pierd coiful scăpat,
M-am smucit și.. Buf, din pat!...

24 martie 1978, București

CE CER EU, GÂNDULUI MEU ?

Obosit de truda zilei
Și puțin cam supărat,

Zeci de gânduri mă lovesc,
Ba de colo, un oftat...

Unul mai năstrușnic sare,
Ca mintea-mi să răsucesc
Și către izvor de bine,
O chemare'ntrezăresc.

Gândurile de la tine,
Supărare și suspin,
Aș dori să-mi piară toate,
Binelui să mă închin.
Nu vă las cât am să pot,
Gânduri rele, afurisite,
Să aduceți zile negre,
Ci doar zile însorite
Și senin la orice om.
Bucurie și speranțe,
Roade bune 'n orice pom.

Vin acum gânduri năvală
Și se'nghesuie la rând,
Să le fac o rânduială,
În dreptate să le prind.
Relele le ducă vântul serii,
Să rămână mângâierea, bucuria,
Semnul sfânt al înălțării.

Ce cer eu, gândului meu?
De-l alin, poate-aș muri,
Și murind de fericire,
Nimenea nu m-ar jeli.
Și mă as purtat prin lume,
Sub acelasi darnic soare,
Cum s-au dus atâtea nume.
Tălmăcită'n chip și fel,
Optimist, vă las speranța,
Prinsă'n firul subțirel

Vara anului 1979, București

GÂNDURI

Încrezător în viața mea,
La fel ca mulți trăiesc,

Pe toți vă părăsesc.
Profund să înțeleg cum bate
Ritmul omeniei.
Cu flori în chiotul beției,
Să scriu pe mai departe.
Pe drumuri lungi și contemplate,
Vă voi prinde'n visul meu,
Cum lumea'n două o desparte:
Un Satan și-un Dumnezeu
De rătăcesc printre fiori,
Sau între vis și moarte,
Să mă'nțelegeți, cititori,
Că scriu pentru dreptate.

7 noiembrie 1983

LA GURA SOBEI

Scăpat de-o vreme,
Creionul, azi l-am prins,
Când rima încerca să-l cheme,
La gura sobei, cu focul aprins.

Ce dulce cântare , pricep,
Rimă, curată pădure,
În vatră scânteile'ncep,
Cu vraja, creionul să-mi fure.

Afară e frig, noapte târzie,
J arul din sobă e dulce decor.
Creionul și rima mă'mbie,
Cu dansul plăcerilor lor.

2 martie 1985, Rapid City

POETULUI ESSENIN

Nu știu dacă Rusia te cinstește,
Așa cum o fac eu.
Rus nu-s,
Dar te citesc tradus
În românește.
Și viu îmi pari mereu.

1983, București

DRUM NECUNOSCUT

De firul gândurilor amintirii, mă agăț
Și la sfârșit de toamnă mă închin.
Să trec de rău, să pot uitarea s'o învăț,
Călătorind pe-un înțelept asin.
Din toamne noi, cad brume pe poteci,
Iar timpu-mi calcă gheața.
Și-aș vrea să o păstrez în veci ,
Precum Prea Sfântul, viața.
Când dincolo de neguri, de ocean,
Voi întâlni frunzare de castani,
Măsura toamnei, scrisă peste ani,
Eu n-aș putea-o cumpăra cu bani.
O nouă amintire, un destin,
Voi duce mai departe'n zări și fum,
În șaua prea'nțeleptului asin,
Către necunoscutul, tainic drum.
Eu din popasul toamnei voi desprinde,
Acel ecou ce-mi pare mai mărit.
Și-un licur de lumină voi aprinde,
Neamuui meu, fără de preț.
Astfel, mult voi înțelege omenirea,
Cu gustul toamnelor din altă parte,
Iar bucuria și durerea,
Le voi sfinți în ritmul poeziei , dintr'o carte.

10 noiembrie 1983, București

CICLUL AL II - LEA:

CĂRAREA

O ZI

A mai trecut o zi din anii mei,
Lăsând o urmă de parfum și de tristețe.
Ca floarea ce se trece într'un tei.

Când trec pe lângă el, mă zăpăcesc...
Și din parfumul lui dulceag, eu gust amar.
Când trec acum, e-o altă zi,
Florile'n tei se veștejesc.

Toți trecem, ori ne ducem rând pe rând,
Ca floarea teiului suflată pe pământ,
Ori frunzele ce toamna'ngălbenesc,
În visul dintr'un somn, ce-aș vrea să-l regăsesc.

Și iarăși drum îmi fac
Pe lângă tei, și în al meu fior,
Să-i sorb parfumul lui amețitor,
Cât mai e timp, că mâine, poate mor.

De când ai flori, tu parcă ne vrăjești.
Sub tine se oprește-un trecător,
O gură din parfum să-ți ia,
Să tremure de dor.

Acum , când trec, este târziu...
Încerc să te mai simt din zare,
În anul viitor , dacă sunt viu,
Am să te rog să-mi dai o floare.

28 mai 1978

CÂTE DRAPELE

Din câte drapele întru cinstire,
Străjuiesc întregul pământ,
Niciunul nu-mi pare mai sfânt
Ca drapelul iubirii.

16 decembrie 1980

TULBURE CA VINUL

Nu trăiesc trudit de dor,
Dar sunt tulbure ca vinul.
Mai amar decât pelinul,
Văd în ochii tuturor.

Să mă-mbăt cu astea toate
Și trezit de celelalte,
Să mă umplu de păcate
Și'n mormânt să duc jumate.

*Notă: Nu știu nici ziua și nici anul, când am scris
această poezie.
Cert este că-mi aduc aminte de momentul respectiv.*

DARUL ZORILOR

Sub a zorilor cunună,
Noaptea stelele -și adună,
Aducând răcoarea'n zori,
Cântec de privighetori,
Echilibru'n cele toate,
Roze cu prosperitate,
Vis și zâmbet la copii,
Parfum floarei din câmpii.
Lacului cu stuf în spic,
Vânt , și valul cât mai mic,
Satul lin să-l oglindească,
Omul bun să-l ocrotească.
Gliei, holda să-i sfințești,
Tot ce-i rău să risipești.
Din a tale depărtări,
Falnic semn de'ntruchipări,
Sub a zorilor cunună,
Toate stelele'mpreună,
Flori adună, flori și vise,
Să vindece răni deschise.
2 aprile 1980, București

MAMEI MELE

Când m-am despărțit de tine,
Era trist sufletul meu.
La ceas greu, umblând prin lume,

Îți șoptesc numele tău

Cât m-am zbuciumat prin lume,
Știe numai Dumnezeu.
Dar pe drumuri rele, bune,
Te-am chemat mereu, mereu,

Te-am chemat adeseori,
Pe cărarea vieții mele,
Când ale zilelor culori,
Păreau roze, flori și stele.

Voi privi nemărginirea,
Să alin sufletul tău,
Și cu gândul, mamă bună,
Totdeauna lâng'al tău.

Umbra mea, pe-acest pământ,
Ție ți se datorează.
De aceea'n al meu cânt,
Vei rămâne veșnic trează.

Te-oi chema sfios, cu șoapta,
Printre flori, cu-a mea simțire,
Că trei flori, tu și cu tata,
Ați adus în omenire.

26 iunie 1980

SFÂRȘIT DE AN

Privesc nedumerit, măsura terminată,
Păcat netălmăcit, ce'n roata lui o poartă.
Lăsarăm la hotar, o parte din mânii...
Și-un strop pe un hotar, și lacrimi, mii și mii.

Pare o harpă amuțită, calendarul isprăvit.
Fiecare filă ruptă, timpul nostru risipit.
Cumpănindu-și jocul tainic, cade fulgul alb, de nea,
Și ne'nvăluie zadarnic, în a anului perdea.

Decembrie 1980, București

DE ZIUA TA, FEMEIE !

Zi măreață-i orice zi...
Măreția zilei nu se poate măsura,
Numai tu, femeie, farmec zilei îi poți da.

Tu ești muza cea de-a pururi,
Din vâltoarea depărtării,
Născătoare de viață,
Din fântâna nesecării.

Ne-ai zâmbit, ne-ai sărutat,
Iar cu lacrimile tale,
Obrăjorii ne-ai spălat.
Tu, Pământule, cu daruri,
Dacă n-ar fi fost femeia,
Ai fi plâns și-ai fi oftat,
Și văzând că nu dai roade,
Ai fi ars, cutremurat.

Poate meritul cel mare,
E al tău, femeie sfântă:
Tu ești sensul veșniciei,
Iar poeții, toți te cântă.

Orice zi e o femeie.
Ea e raza de lumină,
Licărind în curcubeie.
Ei natura i se'nchină.

Tu, ființa nemuririi,
Făr'de tine - am fi noptat.
N-ar fi fost roua pe floare,
Florile s-ar fi uscat.

Tu, covorul frumuseții,
Infinitul îl cuprinzi,
Tu ești cumpăna vieții,
Mâinile când ni le'ntinzi.

Tu, sămânță de izbândă,
Schimbi păcatu'n bucurii.
Dacă n-ai fi fost pe lume,
Oare mai erau copii?

Voi, ce'n pântece, prin lanuri,
Truditoare ne-ați purtat,
Ne-ați zâmbit și-ați plâns fierbine,
La război când am plecat.

Din simțirea mea curată,
T e-oi cânta, cât oi trăi,
Iar credința mea supremă,
Ție o voi dărui.

Decembrie 1982

PRIETENIE
Pentru Nini și Andrei

Pentru voi, astăzi așez
Meritul în infinit.
Și cu gânduri mai înalte,
Mă apropii de zenit.
Să fac fapte bune, zeci,
Ca un frate să mă știți,
De vreun rău ne va abate,
Noi să fim mereu uniți.
S-avem dragoste de viață,
Crezul fie-ne șuvoi,
Patimile noastre toate,
Le vom împărți'ntre noi.
Soarele, lumină'mpartă,
Către robi și împărați,
Să se bucure egalii,
De cât au fost iluminați.

Înspre voi, astăzi mă'ndrept,
Cu un val de simțăminte,
Și o inimă fierbinte,
Care-mi bate sfânt în piept.

9 august 1982

ADIO, CRAMĂ!

Fir-ai tu, de băutură,
Și de cântec de pahar,
Și de vin fără măsură,
Și de cânt de lăutar.

Că v-aș da pe trei parale,

Să vă uit și să vă las,
Să nu-mi mai ieșiți în cale,
Orișicând, la orice pas.

Fir-ar pofta și măsura,
Că tot vreau să le înec,
Dar afurisită-i gura!...
Zice că-i mereu pe sec.

Zice că de mâine seară,
Să-i dau apă de chiuvetă,
Să nu simt la inimioară,
Foc aprins de la vreo Vetă.

Leac din spânz și mătrăgună
Lacrimile mele toate,
Să mă spele de păcate,
Să-mi rămână fapta bună.

Și când crama iar mă cheamă,
Cu arome să mă mintă,
Eu să-i spun : Adio, cramă,
Beau la'ntâi și la vreo nuntă.

21 ianuarie 1982

ÎNCEPUT DE AN

La început de an, urez
Luminii : Fie-i raza clară,
Ca ochiul meu să m-l așez
În rimă dulce, pentru țară!

Să prind în mica mea cântare,
Albul fulgului de nea,
Înaltul muntelui din zare,
De veghe peste țara mea.

Urez ca sensul vieții noastre,
Să fie bun și rostul rost,
Să ștergem urma , care doare...
Uitarea știe cum a fost.

În dalbe flori argintuite,

Pătrundă sfânta mea urare,
În orice parte din cetate,
Unde există supărare.

Acolo unde se'mplinește
Un timp de sfântă născătoare,
Acolo gândul meu nutrește,
Un început, venind dintr'o chemare.

Urez cu șoapta mea curată,
Ca stelele nevinovate,
Eu, tu și viața tuturora,
Să fim uniți în libertate.

2 ianuarie 1983

DE ZIUA SOACREI MELE, ICA

Acum, când tu pășești din nou
Un prag de sărbătoare,
Îți dau toți anii mei cadou,
Într'un buchet de flori și de onoare.

Îți mulțumesc, că'n drumul tău,
Ceva mi-ai dat și mie:
Ființa care-ți seamănă mult, ție...
Și nu îți pare rău.

Urarea mea e vorbă blândă:
Precum te știu, la fel să fii !
Inima mereu ascundă
Iubirea mamei, de copii.

7 august 1983, București

PUTEREA TINEREȚII

E ca raza dimineții,
E ca floarea de distinsă,
Ea, puterea tinereții
E o flacără aprinsă.
Pentru ea, când e curată,
Poarta cerului, deschisă,
Iar ea intră ca o fată,

Cu dorință necuprinsă.
Și în patru părți de zare,
Lasă vrajă, lasă dor,
Iar curajul ei cel mare,
E un semn înălțător.

13 august 1983, București

LĂUTARULUI POET

Lasă-mi fidelitatea viorii tale, lăutar,
Și dă mișcare degetelor fine,
Dă glasul unduios, arcușului ștrengar,
Să uit de toate și să-mi fie bine.

Poartă-mă pe sunetele nevăzute,
Iar valul sunetelor mângâietoare,
Oprească-mi gândul, fie sărbătoare
Vreau să mă pierd în trilurile multe.

Când te aud, vioară minunată,
Simțirea pătimașă-mi parfumezi
Un vis îmi pare-a lumii roată,
În suflet strălucire-mi furișezi

Iubesc vâltoarea sunetelor clare,
Când mă descântă'n melodii de jar,
Miracol! Lăutarul ne schimbă-a noastra stare,
Fără pilule, fără de alt har.

O, voi viori , atât de'nsuflețite,
Al vostru grai, o dulce sărbătoare.
Voi regăsiți cuvintele pierdute,
Iar noi gustăm a lor splendoare.

Să uit de toate și să-mi fie bine,
Lasă-mi fidelitatea viorii tale, lăutar,
Și cu mișcarea degetelor fine,
Dă glas arcușului ștrengar.

9 iunie 1983

UCENIC LA ȘCOALA VIEȚII

Am plecat de mic de-acasă,
Când mustața nu-mi crescuse.
Nu vroiam să știu de-mi pasă,
Mintea mea ce hotărîse.

Am plecat fără tăgadă,
Către cea mai 'naltă școală,
Ochii să-i învăț să vadă,
Ce e drept , ce e greșeală.

Am studiat în țara mea,
 La cea mai înaltă facultate.
Nici "Sorbona " nu avea,
Așa școală de dreptate.

Pelerin și ucenic
În cel mai mare port al țării...
O, Doamne, cât eram de mic,
Pe lângă valul mării.

Limba cultă, din palate,
O auzeam în liturghii,
Citind cărți pe apucate,
Adormeam în nopți târzii.

De atunci păstrez dorința
Să cunosc și să citesc,
Să-mi decriu cumva ființa,
Și sub text să iscălesc:
Ucenic la școala vieții.

Mai 1981

LA CHEIA

Se-aude cântecul de cuc,
E primăvară și mă duc...
Privirea-mi înalț visător,
Spre al păsărilor cor.

Se-aude râul cum tresaltă,
Pe sub brazi cu umbra'naltă,
Unde valuri limpezite
Trec, de nimenea privite.

Unde brazi rostogoliți,
Curg la vale, neopriți,
Ducând cântul de izvor,
La tot omul doritor.

Trec cascade mari și mici,
Unde tu, cucule, zici...
Al tău cânt e vestitor
De viață și de dor.

Singur sunt și mă'nfior...
Cucul cântă la izvor .
Primăvara'n cale-i iese,
C'un buchet de flori alese.
24 mai 1981

CERUL TOT E NOURAT

Mă tot uit la el mereu...
Cum e el de-adevărat,
Tot la fel mă simt și eu.
Cu nădejdea calc pământul
Și cu tainicul meu crez,
Că-mi va da discernământul,
Semnul care să-l visez.
Fapta-i demnă-i pentru mine,
Tot ce pot face mereu,
Că nu-i pe lume alt bine,
Mai sfințit de Dumnezeu.
Sau cu vorba să fac daruri,
Încercând pe orice căi,
Bunătatea mea din gânduri,
S-o dau pildă celor răi.
Clipa vreau să o trăiesc
Cu aproapele, mereu,
Ca să simtă că-l iubesc
Și la bine și la greu.
Să rămân la fel în toate,
Iubitor nevinovat.
Iar prin ale mele fapte,
Să am cugetul curat.

5 octombrie 1979

LUI NINI ȘI ANDREI

Vă urez izbândă sclipitoare,
Vouă, fideli cu trup și fire,
Ca timpul vostru să măsoare
Binele'n nemărginire.

De sub cerul nostru vă privim,
Adevărați ca stelele de sus
Speranței, temelie voi i-ați pus,
Ca restul vieții lângă voi să fim.

12 iunie 1983

ZÂNA NOPȚII

Ca o strună de subțire,
Zâna nopților cu lună,
Îmbrăcată'n clorofilă,
Se strecoară'n somn, tiptilă...

E o zână umblătoare,
De cu seară până'n zori,
Pe poteci din zare'n zare,
Ducând vești la visători.

Ea când vine sclipitoare,
Îi dă somnului plutire,
Simțului îl ia ce-l doare,
Omului îl dă uimire.

Iulie 1981

PĂDUREA

Să mă'mbăt pătruns de dor
În arome de pădure,
Admirând lângă izvor,
Viața, cu a ei trezire.

Și sfințit de-al ei fior,
Îmbătarea să-mi rămână
Un covor fermecător
Dat de raza de lumină.

O, pădure de iluzii,
Barieră-mi fie cerul,
Iar aromele din tine,
Să-mi urzească'n suflet, dorul

13 iulie 1980

MĂRȚIȘOR 1981

Pentru Nini

Îți culeg din ramuri,
Forma lebedei blajine,
S'o trimit spre tine,
Cu noroc și lauri.

Îți trimit de sub frunziș,
Simfonia lunii martie.
Fluturi albi în calea ta,
Să te poarte mai departe.

Îți trimit un ghiocel,
Rupt din salba primăverii.
Și cu firu-i subțirel,
Legământul neuitării.

DRAGULUI MEU COPIL

Sunt prea neputincios
În fața zilei tale,
Da știu că-ți sunt mai credincios,
Ca nimeni pe-a ta cale...
Acum e ziua ta, senină,
Prin care tu să mă privești
Cum viața mea spre tine'nclină,
Iar tu, de poți, să o sfințești.

30 august 1981

ÎN FÂNĂRIE

Fân din deal
Și fân din vale,
Fânăria o îmbeți
Eu, în ea, cânt trei migdale

Și în cap am trei poeți.
Și prin fân să fie-o fată,
Care -și pierde rochia'n spice...
Eu, doar scriu, voi fiți pe pace,
Numai raza-i vinovată.
Eu, în fânărie-s blând,
Precum mama m-a lăsat,
Iar de chem, o chem pe una,
Care cred că m-a uitat.
De necaz, ea pune foc
Fânăriei, ca să pier,
Dar parfumul nu mă lasă,
Ca să-mi pârjolesc norocul
Și să mor într'un mister.
Și'n a gândurilor cale,
Fân din deal,
Și fân din vale,
Cu parfum de flori plătite,
Fii mai bine de folos,
Pentru'ndrăgostiți și vite.

8 august 1981
La Stroești

CREDE-MĂ
Gândurile Magdalenei
pentru logodnicul ei, din Canada

Vin în calea ta, iubite,
Vin ca dorul să-mi alin,
Pe poteca ce-am găsit-o,
Sub al cerului senin.

Caut drumul către tine,
Dar potecile-s cotite...
Văd cum toate, pentru mine,
Parcă sunt încremenite.

Vorba-mi e o iritare,
O urzică printre spini.
Te-am crezut o apărare,
Te-am chemat să mă alini.

Dar zadarnic, a mea rugă
Tu o'ntorci și-o tălmăcești,

Parcă anume, să distrugă
Ce în viață greu găsești.

Vin cu gându'n calea ta,
Prins în lacrimile mele,
Precum luna între stele,
Orișiunde s-ar afla.

Vin în calea ta, iubite,
Vin ca dorul să-mi alin,
Vin la fel ca mai 'nainte,
Vin cu gândul meu senin.

Mai 1981

PE TÂRNAVE, LA COTEȘTI, SAU MURFATLAR

M-am zăpăcit cu droguri peste poate,
Măcar să aflu un crâmpei din țel,
S-au urma unei clipe mai curate,
Decât licoarea mea din păhărel.

Licoare roză, albă sau ca smoala
Mă faci adesea, să te uit, necaz,
Dar ce folos, când viața-i o greșeală
Și eu sunt implicat în al ei caz?

Și dacă-i vin de neam de pe Târnave,
De la Cotești sau Murfatlar,
Până s'aleg, o șoaptă-mi zice: "Ave!"
Visez cu șoapta rugii, în zadar.

Un bob de tămâioasă, aș dori să fiu
Și tămâios să mor, fără noroc,
Cum stors sunt astăzi, brumăriu,
Păcătuind cu sfântul boloboc.

Și cot la cot, bolborosind, ca turmentații,
La mese goale, fără prea mult har,
Să-mi cânte-un lăutar "Amorezații"
Iar dragostea să-mi guste din pahar.

DORINȚĂ

De-o cânta și pentru mine,
O ființă, pe Pământ,
Îi voi da ce am mai sfânt,
Că e drept și se cuvine.

Dac'am făcut fapte bune,
Fie ploaie, fie vânt,
Cântați când veniți la mine,
Chiar pe piatra de mormânt.

O garoafă albă, fină,
Rezemată de cruce,
Pe sub razele de lună,
Să-mi vegheze somnul dulce.

17 septembrie 1980

VIAȚA

Am chemat o clipă, viața,
Să m-asculte, dacă vrea,
Și să creadă ce-o vrea ea,
Doar alăturea să-mi stea.
Că prin ea te văd pe tine
Și prin tine, începutul,
Clipe triste și senine,
Viața mea, cu tot trecutul.
Am chemat apoi Speranța,
Ca alăturea să-mi stea,
Și speranță mi -a dat viața,
Oricât ar fi fost de grea.
Din acel necunoscut,
Te-am chemat și ai venit.
Dar acum, te'ntreb, o, Doamne,
Spune-mi, unde am greșit?

16 iunie 1982

ISLAZUL

Islazul meu bătut de vânturi,
Mi se-arată printre gânduri,
Sub un cer aprins de stele,
Ca și dorul lumii mele.

Râul lin și eu, domol cu firea,
Balta cu tot ce mișcă în ea,
Mi-au luminat gândirea
Și toată viața mea.

Aș vrea o floare ce cătină
Sau galbenul din păpădie,
Când zorile cu balta se îngână,
Pe islazul din copilărie.

Panoramă proaspăt înflorită,
Cu cirezi de vite ca'n povești,
Tu mă chemi mereu, ca o ispită,
Către sfinte locuri strămoșești.

28 iunie 1982

BUNILOR ȘI ADEVĂRAȚILOR PRIETENI

Chem cu dor nemărginirea,
Din adâncul arămiu,
Să-mi trimit prin ea privirea,
Ca aproape să vă fiu.

Vântului care adie,
Cu norii cumulostrați
Despre voi îl cânt, să știe,
Cât sunteți de depărtați.

Peste grâul pârguit,
Macul boabele-și prăjește,
Eu vă cânt, să nu vă uit,
Ceru'n ochi se adâncește.

Soarele raza-și strecoară
Peste câmpul roditor,
Eu, privindu-l îl rog iară,
Să vă vindece de dor.

Dis -de -dimineață, gândul
Curgă-mi limpede, șuvori,
Și cu cântul, măsurându-l,
Să mă simt iar lângă voi.

Și din nou nemărginirea
S'o privesc încrezător...
Ea îmi este fericirea,
Poarta când deschid, cu dor.

5 iulie 1982

DE ZIUA VECINILOR

Până luna va apune,
Va fi ziua ei și-a ta.
Casa vă voi cuvânta,
Mariano și Marine.

Sărbători s'aveți ca spuza
Zilele vă fie bune
Și nepoți s'aveți ca frunza,
Mariano și Marine.
Din necazuri, faceți bani.
Eu să-ți țin sacul , Marine,
Să vă știu americani,
Mariano și Marine.

1981(de Sfântă Mărie)

CHEMARE

Sămânța neamului ne cheamă,
Să ne privim în față, frate,
În jurul nostru, nimeni să nu geamă,
Să fim uniți și să avem de toate.
Ai noștri ochi , privească cerul
Și pruncii neamului în fașă.
Să fim mai tari decât e fierul,
Să merităm a sta la masă.
Privi-vom holdele în spice,
Când raza soarelui le coace
Și grâul nostru, cum se zice,
Că face pâinea cea mai dulce.
Lăsa-vom mâna să se'nchine,
Ca semnul crucii să ne fie,
Izvor de viață și tărie,
Curgând spre clipa care vine.

10 martie 1981

DE PAȘTI
Pentru Nini și Andrei

La noi, de Paști, sunt flori de liliac,
Seninul primăverii parcă saltă
La noi în suflet e un crez
Și o speranță ne-a deschis o poartă.

La noi în casă, viață e din plin,
Iar zilele se scurg mai pe'nțeles
Și vinul e mai dulce, dar tot vin
Și Sfântul nostru Paște, mai ales.

Se leagănă caișii plini de flori,
Se leagănă și salcia pletoasă.
Prin ramul înflorit, acum, de sărbători,
Eu vă trimit urarea mea , frumoasă.

E mărul din grădină, înflorit -
Petale roze-albe, parfumate -,
Și parcă totul e în jur sfințit...
E-o zi de bucurii și demnitate.

25 aprilie 1983

LA 12 ANI

Douăsprezece primăveri
Trecură peste mine,
Când eu gândeam la fapte mari
Și la cărări străine.

Și ca prin vis eu încercam
Un drum să-mi pot croi
Văzui chiar Despărțirea pe la geam,
Cum ochii-mi îi privi.

Eram prea mic, se pare,
Să'ncep lupta cu soarta,
Dorința-mi fu, însă, prea mare,
Să-l mai întreb pe tata.

Niște chemări neauzite,
Ardeau sfioase'n vâlvătăi.

Cu ele-au început de-atunci,
Trudiții ani ai mei.

Porneam la drum ca'n beznă,
Că nu văzui nici poarta.
De-al meu curaj nebun,
Prea trist îmi părea tata.

Iar mama, de la vatră,
Își aruncă privirea
Spre mine , înc'o dată,

Văzui cum calcă pașii mei,
Pe-o cale luminată.

O, sfântă zi de început,
În anii mei ascunsă,
Tu-mi bucuri inima acum,
Ca joaca de la drum.

19 ianuarie 1980

DIN FURTUNA DE VĂPĂI

Născut pe lunci de foc
Și lanuri mănoase,
Eu chipul părinților îl port,
Cu vorbele lor, frumoase...

Când Dumnezeu , cu primul dar
I-a bucurat, era târziu.
Târziu, când tata a strigat:
"Am un băiat!"
Iar mama, din furtuna de văpăi,
Către copaie s-a uitat
Și s-a mirat: "O, Doamne, ce băiat!"
Ea m-a pupat încetișor...
O lacrimă-i curgea ușor,
Pentru întâiul ei fecior.
Nu știu ursitorile ce-au tălmăcit
Că în viață, mult am suferit.
Când zilele mi-au fost crude,
Triste și amare,
Anii m-au purtat prin lume
Și m-au făcut tare.

Dacă soarta, toate mi le-a dat.
Chiar atunci când zic că-mi este bine,
Furtuni și palide zări am trăit
Și norul, și malul cu fum,
Peste soarele meu au venit.

11 ianuarie 1979

LUI ARTEMIS

Zboară un fulg de păpădie
Dus de vânt, către pârâu.
Și ca el, gânduri o mie,
Către tine, dragul meu.

Pe câmpie-i sărbătoare.
Flori se nasc în calea ta.
Tu ești raza mea de soare,
Blând și bun, precum e ea.

18 iunie 1981

DE ZIUA LUI ARTEMIS

Din puzderia de stele,
Te-a adus mămica ta,
Pe când florile de măr,
Învățau pe cer a sta.

Azi, de ziua ta, toți merii
Și caișii, înfloriți,
Cu petalele, discrete,
Îți urează "La mulți ani!"
            (Tata)
Florile din rămurele,
Le veghează soarele,
Tot la fel, clipele mele,
Îți veghează zilele
(Mama)
8 aprilie 1983

ARTEMIS

Simt că el îmi aparține
Și ca nimeni altu'n lume,
Mă pricepe, mă socoate...
Eu îl chem , până la moarte.
Câte inimi bat pe lume,

Pe nici una nu ascult.
Una-mi seamănă mai mult,
Iar a doua nu-i pe lume.
Câte inimi bat pe lume,
Una bate pentru mine.
Ea-i tictacul care-mi spune
Să încerc s'o înteleg.

21 februarie 1982

CĂRAREA

La via bunului bunic,
Duceau cărări știute,
Pe unde eu cu pasul mic,
Treceam printre cucute.

Scaieți și tinere cătine
Creșteau nenumărate.
Miresme, fluturi și albine,
Eu le iubeam pe toate.

Cerdacul, poarta, via toată
Rosturi le dădea pe rând,
Bunicul meu, cu vorba înțeleaptă,
Curat, iscoditor și blând.

Acum, pe toate le-am pierdut.
Cărarea și bunicul...
Și mi-au rămas,
Din tot ce-am cunoscut,
Tristețea și nimicul.

15 martie 1983, București

FATA DIN STROEȘTI

Împletea cândva, drăguța,
La ciorap, pe prag.
Avea ochii -ascunși de păr,
Buzele precum frăguța
Și dorința, pân' la cer.
Împletea fără zăbavă,
Ochi pe față și pe dos.
Părea blândă și suavă
Răspândea în jur, miresme
De otavă.
Și povestea ei începe
Cu o fată ca'n povești,
Cu feciori de peste ape,
Din castele strămoșești,
Când   viteji crescuți prin peșteri,
Pândeau fata din Stroești.
Fata însă împletea ,
Pentru cel care-o iubea,
Soarele o rumenea,
Vântul fața-i răcorea.
Din gheme se depăna
Firul zilelor, pe rând .
Fetei teamă nu-i era,
Că'n credință petrecea,
Cu al soarelui ochi blând

August 1982, Stroești

TATĂLUI MEU

Tată, nu ți-am scris de mult.
Chiar de vreau, nu te găsesc.
Aș dori să te ascult
Și să-ți mulțumesc
Ce bine ar fi să pot,
Simțul să mi-l ancorez,
Să-l măsor și să socot,
Cât îți datorez.

Despre mama, ce să-ți scriu?
E îndurerată...
Iar de frații tăi, nu știu,
Că nu se arată.

84

Satul nu ți-l amintesc.
Totu-i arătură.
Și în locu-i a rămas
Amintirea dură.

Eu, pe tine te zăresc,
Copleșit de gânduri.
Demn îmi pari când te privesc
Ale mele simțuri.

Și fiind copilul tău,
Eu trăiesc prin tine.
Demn copilu-mi va purta,
Neamul înspre bine.

23 mai 1982, București

NEPOȚICA

Ești frumoasă și dulcică
Și ai ochi încântători,
Ca un pui de bibilică.
Ai măr roșu 'n obrăjori.

Părul tău, ca de păpușă,
Zâmbetul ți-e o comoară..
Ești ca mâța jucăușă.
Nasul tău pare de ceară.

Domnișoară fărâmiță,
Ștrengăriță la vorbire,
Garoafa din grădiniță,
Te ascultă cu uimire.

O minune de lumină
Răspândești din ochii-ți blânzi.
Mamei gândul i-l afunzi.
De iubirea ta, e plină.

Ea te piaptănă, te'nvață,
Cum se poartă-o domnișoară.
Cum să faci un ac și-o ață,
Să brodezi o cârpușoară.

Pentru tine, fată mică,
Am scris eu o poezie,
Îndemnat de-a ta bunică.

26 mai 1980, București

FURTUNA VIEȚII

Furtuna vieții să te ieie
Și să te ducă unde-o vrea,
Și să dispari ca o scânteie,
Din calea mea, din calea mea.

      Furtună'n suflet și'n priviri,
      Și'n ceruri totu-a dispărut.
      Durerea sfintei pătimiri,
      E un vârtej necunoscut.

Scânteie dusă de furtună
Și de vârtejul furios,
Să te oprești pe-un colț de lună,
Tu, buzdugan de Făt - Frumos.

      Iar spuza ta, ca o ștafetă,
      Pe val de vânt să tot plutească.
      La geana unei flori de mai,
      Încet, încet să se oprească.

Când la răscruci de zori, vreodată,
Vei luneca scânteietoare,
Să te oprești, ca fermecată,
Scânteie-n veci nemuritoare.

      Furtuna'n valuri să mă ieie
      Și'nspre senin nemărginit,
      Sub un altar de curcubeie,
      Să mor, de nimenea privit.

Atât doresc de la furtună:
Ea, când va vrea să înceteze,
Să lase-o rază de la lună,
Mormântul meu să-l lumineze.

Joi, 7 mai 1980, București

SĂ - MI CÂNTE LĂUTARII

Vreau să-mi cânte lăutarii
Și să cânte tuturor...
Iar apoi să-i vină rândul
Unui cântec de amor.

      Și la mese, toate pline,
      Să zâmbim sau să oftăm...
      Zii, măi, lăutare, zi-ne,
      De necazuri să uităm.

Cârciumar, toarnă licoare,
Sufletul să mi-l îneci...
Cântă, cântă lăutare,
Pentru inimile reci.

Eu, de struna de vioară,
Sufletul să mi-l lipesc,
Și prin fumul de țigară,
Gândurile să-mi găsesc.

Fericit și turmentat,
În al serii paradis,
Vreau să cred că n-am visat
Tot ce sufletu-mi a scris.

Vreau să-mi cânte lăutarii,
Vreau să cred că n-am visat,
Vreau o clipă, turmentat,
Să uit tot ce n-am uitat.

1980, București

LA ICOANĂ

Coroană nu se face,
Rupând o firavă floare.
Ea, la icoană, zace...
De ce ai rupt-o, oare?

Tu tremuri sub icoană
Și floarea e răsfrântă...
În lacrimi de sub geană
Și'n rugăciunea-ți sfântă.

9 mai 1980, București

CRUCE SINGURATICĂ

Într'un lan bătut de vânt,
Zace -o cruce cu trei cifre.
Jumătate e'n pământ.

Vântul, soarele și ploaia
Au tot ros din crucea rece...
Se închină, dacă simte,
Muritorul care trece.

Sau cu gândul se îndreaptă,
Să aducă o cinstire

Celui ce-a căzut acolo,
Pentru-o faptă de iubire.
                    Ea, zeița frumuseții,
                    A tot plâns și-a tot oftat,
                    Astăzi nimeni nu mai știe,
                    Cine-a fost, de ce-a luptat.
Stelele din nopți albastre,
Peste timp or să-ți zâmbească.
Fapta ta nemuritoare,
Pe urmași o să-i trezească.

28 aprilie 1979, București

ÎNTREBARE MAMEI

Astăzi m-ai adus pe lume,
Graiul să ți-l moștenesc.
Și din toate, să'mplinesc,
Câte-s scrise pentru mine.

Toamnei pragul i-l pășesc,
Cu arginți aduși de timp.
Peste toate, drept pășesc,
Precum zeul din Olimp.

Mamă, te întreb pe tine,
Cât prin vreme încă sunt:
Ce crezi că mi se cuvine,
Dintre toate câte'nfrunt ?

24 septembrie 1981, București

RUGĂCIUNE

Doamne, ajută-mă să las
Icoane pe-a timpului cale,
Ca urma curată să-mi fie,
În fapte și glas.

Să tremur de teamă,
De teamă și ciudă,
Când vorba nedreaptă o las,
Urechea-mi s-audă.

SECRETUL DIN CODRU

O căprioară și un cerb,
În pas de promenadă,
În codrul verde, lângă râu,
Veniră să se vadă.

Când căprioara era'n râu,
Privind la cerb, întrebătoare,
I-am stingherit. Ce rău îmi pare! ...

Când au plecat, eu le-am promis
Că nu voi spune nimănui,
Secretul lor și-al codrului.

La Cheia, 1978

VREAU O RAZĂ, SĂ MĂ BUCUR

Soare nevăzut de mult,
Vreau o rază, să mă bucur.
Nu te mai ascunde'n nori,
Ieși, să bucuri om și flutur.

Nori întunecă privirea,
Și furia lor e mare.
Ziua fără rost îmi trece,
Supărare, Supărare!...

Ia-o , Soare, de la mine,
Și sub nori umbroși, ascunde-o!
Eu să cred în ziua'n care,
Bucuria m'o cuprinde.

Decembrie 1979

TREC ȘI EU

Trec și eu, încet, poteca
Mă tot duce... Nu știu unde...
Poate spre pârâul limped',
Unde vraja se ascunde.

Pe același drum ce duce
Și tot duce, nu știu unde,
Trecem toți, fără chemare,
Către somnul cel mai dulce.

13 septembrie 1979

DE SĂRBĂTORI

Sunați din corn și din trompete,
Pentru sărbători.
Pentru voi, flăcăi și fete,
Zilnic răsar flori.

Și c'un fir de busuioc,
Să se'ncingă hora,
Ca un foc.

Sunați din corn și din trompete,
Sărbători vestiți.
Voi, feciori, veniți în cete,
Fiți mereu uniți.

1979 (Poezie scrisă în ziua de Paște)

AMINTIRI
                Pentru Nini și Andrei
Liliacul a'nflorit
Și castanii iară
Multe-aș vrea să vă mai scriu
Din a noastră țară.
        Pe sub poale de cireși,
        Vântu-adie florile
        Și prin ramuri de măcieși,
        Se strecoară zorile.

Cad petalele din meri,
Florile catifelate
Ning bătrânele cărări,
Tot ca altădată.
        Totla fel, vântul adie,
        Și cu el, pe lungu-i zbor,
        Vă trimit o simfonie,

Scrisă cu mult dor.
Pe sub poale de castani,
Aud graiul cum vă sună.
Sper să nu treacă mulți ani,
Pân' vom fi'mpreună.

9 mai 1982, București

24 SEPTEMBRIE 1932
(LA MIEZUL NOPȚII)

Ca întotdeauna, cântau cocoșii,
Vestind miezul nopții și zorile...
Dar la geamul mamei,
Veniră ursitorile.
Cântă cocoșii...
Se bucură tata
Și moșii...
Că apa mamei
Aduse pe lume,
Un nume.
Ca neamul să preumble
Și numele să sune.
Și'n mijitul zorilor,
Se termină corul ursitorilor.
Dimineața-mi spală
Urma buricului,
Cu apă din Ialomița,
Tulbure...
Și cu'n strop de agheazmă,
Fruntea sufletului.
Tata bătu în tocul ușii, un cui.
Iar bâtul Tache se bâlbâia
În murmure.

15 mai 1982, București

EXPO - FLORA

Alei curate, pietricele...
Iar printre ele, zâmbitoare,
Covor frumos de floricele,
Noian de stele lucitoare.

Privesc spre noi, spre orișicine,

91

Cu nevinovatele culori,
Încet șoptind adeseori,
Un "Te iubesc", către oricine.

Și-apoi, un stol de clopoței,
Cu albul lor imaculat,
Pe'ndrăgostiți i-a împăcat,
Pe banca dintre stânjenei.

În stânga, levănțică fină.
Magnoliile au boboci.
Oriunde capul ți-l întorci,
Culoare și lumină.

1981 (În parcul "Herăstrău", la "Expo-Flora")

GREIERELE

Firicel de lăcrămioară
Floare mică, frântă'n vânt,
Vântul, când va sta, pe seară,
Te voi uda și-am să-ți cânt.
  Ca tristețea să-ți alungi,
  Am să-ți fac loc pe răzor,
  Printre flori, să nu mai plângi,
  Să-mi asculți cântul de dor.
Fii tu mândră printre flori,
Lăcrămioară, floarea mea,
Fața lor e fumegai,
Nu-i senină, ca a ta.
  Eu, din zori și până'n seară,
  Pe drumeag, lângă răzor,
  Îți cânt, dragă lăcrămioară,
  Să-ți uiți tainele'ntr'un dor.

Septembrie 1981, București

PRIETENIE
  Familiei Florin Stoenescu

Ca ieri m-am despărțit de voi.
Un drum s-a terminat.
Pe altul, drept și mai curat,
Să mergeți câteșitrei.

Prin lumea marilor altare,
Să fiți mai demni, mai tari,
În fiecare gând, o floare
Și țeluri cât mai mari.

Din dor și triste pătimiri,
Răsară mult noroc.
Și dintr'un fir de busuioc,
Frumoase amintiri.

Ci eu,acum pe-un strop de gând,
Pe-un strop de gând,
Mă furișez spre voi,
Îmbrățișarea de la noi,
Să o simțiți oricând.

Noiembrie1980, București

ALEXANDRU

Trandafir la sânul mamei,
Ai îmbobocit.
Cu parfum, sărutul ei,
Ochii ți-a vrăjit.
            Te-a adormit în flori de tei
            Și te-a strâns la piept, în vis.
            Tu ești tot avutul ei,
            Fecior de nedescris.
Acum, acum, tot gândul meu
E sfânt, ca ziua ta.
Să-ți fie soare, tot mereu!...
Te rog, nu ne uita!

30 August, 1980, București

MAMEI

Sfințească-se numele tău, mamă,
Ca ziua când m-a sărutat lumina.
Sfințită fie'n veci țărâna,
Pe mal de râu, unde-mi cânta bunina.

Eu, ca un răsărit de soare,
Îți voi păstra credința ta.

Tu'n pântec, tot printre răzoare,
Ne-ai ocrotit, mămica mea.

E mult de-atunci, iar gândul meu
E treaz mereu, oriunde-aş fi.
O mamă'n suflet port şi-un Dumnezeu,
Pe lume cât voi mai clipi.

De-aceea, eu te voi slăvi,
Măcar atât, mămica mea,
Că m-ai făcut să ştiu gândi
Şi să fiu drept, ca dumneata.

24 septembrie 1980, Bucureşti

CU FLORI DIN MIJLOCUL GRĂDINII
Pentru cei buni

De când pe lume pătimesc,
Doar florile m-au înţeles...
Ca dar, un trandafir sădesc.
Eu vă visez, că vă iubesc.
Garoafe albe de sădiţi,
Lumina mea să fie-a lor.
Un fir din ele dăruiţi,
Pentru lumina tuturor.
Din rândurile strânse droaie,
Doar unul singur mai opresc.
Şi vi-l trimit pe-un nor de ploaie,
Grădina voastră s'o privesc.
Spre voi trimit eu gândul meu,
Cu flori din mijlocul grădinii,
Să ne privim mereu, mereu...
Îţi sărut mâna, doamnă Nini!

8 mai 1980, Bucureşti

TOAMNĂ
La Cheia

Zgâriaţi de diamante,
Norii albi şi fumurii,
Trec prin raze dantelate,
Trec din munte, spre câmpii.

Văd vâlcelele în soare,
Cu otava lor cosită,
Iar prin frunza rumenită,
Pasc ciopoare de mioare.

Toamna'n pasul ei domol,
Mână vântul peste toate.
Și din depărtatul pol,
Vine frigul peste noapte.

Rândunele trec grăbite,
Trec și cârduri de cocoare.
Pe sub streșini, părăsite,
Cuiburile'n așteptare.

Vine iarna, primăvara,
Precum ziua, precum seara,
Iar pe roata asta mare,
Ce se'nvârte și dispare.

Numai omul, suspinând,
Tot le numără pe toate,
Că se duc ca fermecate,
Rând pe rând.

S-A DUS ȘI VARA

S-a dus și vara...
A ei paletă multe șterge.
Cu timpul trecem amăgiți,
Că soarta ne e lege.

       S-au dus atâtea zile'n șir
       Cu luna lui cuptor.
       Și-atâtea frunze cad acum,
       În calea tuturor.

O nouă toamnă a'nceput,
Iar păsări, flori și soare,
Se duc încet și'n urma lor,
Rămâne doar răcoare.

       Doar anotimpul ce ne poartă
       Prin labirintul vieții,
       Ne dă speranțe mari și mici,
       În pragul dimineții.

3 septembrie 1979, București

STRĂLUCIRE

Orice zi pare o floare
Clipa vine ca un înger,
Ca un semn de întrebare
Și se pierde ca un fulger.

Precum fulgerul pe cer,
Omul străluce o dată.
Dar sclipirile îi pier...
Parcă n-aufost niciodată.

25 iulie 1980, București

LA ROMA

De aici, din casă de roman,
Vă dau de veste,
Că pot trăi fragmente dintr'un an
În lumea de legende șI culori.

3 decembrie 1983, Roma

FONTANA DI TREVI

Apa în trâmbiți răsună,
Iar marmora clară zâmbește.
Pelerinni nechemați se adună,
Fontana s'o vadă sub cer
Și rând pe rând se înclină
Statuilor din Foyer.

5 decembrie 1983 (La Roma)

PRIMA NOAPTE ÎN AMERICA

Noaptea când coboară,
Casa o măsoară,
Somnul de-cu-seară,
L-am uitat în țară

25 ianuarie 1984

CHIRIAŞ LA CLER

Dat mi-a fost să-mi fie
Scrisa să mă poarte,
Din copilărie
Şi până la moarte.
Necăjit de vremuri
Şi atâţi nătângi,
M-am lipsit de toate,
Lăsându-le'n chingi.

Şi-am pornit cu casa
Strânsă'ntr'o valiză,
Drumuri lungi bătut-am,
Să obţin o viză.
Şi-am ajuns cu zile,
Pe un mare ger,
După mii de mile,
Chiriaş la cler.

Iar în noua ţară,
Cât voi mai putea,
O povestioară
Las în urma mea.

19-20 ianuarie 1984, Rapid City, USA

RĂTĂCIRE

În ţară de legende şi culori,
Pe un platou, departe de ocean,
M-am rătăcit de voi, pătimitori,
Când timpul gustă clipe dintr'un an.

Aici îmi pare totul mai aparte,
Sunt rătăcit şi nu zăresc un sat
Şi nu pricep din care parte bate
Vântul care-mi pare parfumat.

Doar la apus încerc să prind de veste -
Când strălucirea soarelui dispare -,
Că'n zori, eu printre brazii de pe creste,
Îmi voi croi în gând, spre voi, cărare.

6 ianuarie 1984, Rapid City, USA

CICLUL AL III -LEA :

GUSTUL IUBIRII

SĂRUTĂ-MĂ!

Sărută-mă, zeiță, cu adevărat,
Și dă-mi triumful gândirii,
Să-mi vindece rana
Venită din necunoscut,
 Înțelepciunea în voal de argint,
 Să-mi dăruie sărutul curat,
Izvor de iubire și cânt.
Zeița iubirii și-a mării de ești,
Zeița trezirii din sfere cerești,
Coboară și-alină dureri pământești,
Pe oamenii toți, să-i unești.
Și dacă exiști cu adevărat,
Răsară o floare din lacrima ta
Ca oamenii toți, cât e lumea sub soare,
Să se privească cu ochi de copil.

2 septembrie 1980

PRIMUL SĂRUT

Sub un cer de peruzea
În lumina lui februarie,
Când înghețul strălucea,
Gura ta mă încălzea.

SENIN ȘI FLORI

Ți-am dăruit și flori și dor,
 Buchet de zâmbet și fior
 Dar niciodată n-am dorit
 Să crezi că e îmtâmplător.
          Tu ai simțit de-atâtea ori,
          Gustul iubirii preacurate,
          Când ți-am adus senin și flori,
          Ca gândurile mele toate.
Ți-am dăruit inima mea,
Mai mult de-atât, nu se putea
 Și te-am ales, că tu ai vrut
 Un început, un început...

13 august 1983, București

Chem cu dor nemărginirea
Adâncit în visul meu.
Prin ea, tu mi-ai dat iubirea,
Ca al tău să fiu mereu.

Vântul care te adie
Sub norii învolburați,
Să-ți șoptească, doar el știe
Cât suntem noi de legați..

Eu încerc, cu al meu gând,
Să-ți pricep mereu oftatul,
Crezul ochiului tău blând,
Niciodată pentru altul.

Să-mi dai lacrima plăcerii,
Ochii -ți blânzi și necuprinși,
Totdeauna'n pragul serii,
În ai mei să-i ții ascunși.

Și din nou nemărginirea
S-o privesc încrezător.
Ea împarte fericire
Fiecărui muritor...

5 iunie 1982

ZIUA NUNȚII VOASTRE
Lui Costel Pop

În livezi par zgribulite
Razele de soare.
Printre crizanteme albe,
Toamna-i zâmbitoare.

În cale vi se arată
Zodiac promițător.
Toamna sfântă și curată
Vă cuprinse în fior.

Cu al vostru legământ,
Voi pășiți sub cer înalt,
Lacrimă din vinul alb,

Fie-al vostru legământ.
Sclipească în casa voastră,
Gândul și speranța
Cum v-au sclipit sub cununii
Și inima, și fața.

Inimilor le e bine,
Când le-mbătați cu iubire.

16 noiembrie 1980

ÎN OCHII TĂI

În ochii tăi mi-am alinat
Durerea sufletului tot.
În glasul lor adevărat,
Doresc să mă socot.

Rămâi mereu în gândul meu,
Adevărata pace .
De mai certa, mi-ar veni greu,
Certarea îmi displace.

Acum, când anul s-a sfârșit,
Cu zile și secunde,
În ochii tăi, la infinit,
Iubirea mea se-ascunde.

28 decembrie 1982

IUBIREA MEA

Iubirea mea rămâne
Ca o zi de februarie,
Ca o ▒▒▒▒▒ fără vârf,
Și ca un arc fără săgeată.

5 august 1982

CE SĂ-ȚI DAU

Să-ți dau aur drept răsplată,
Pentru clipele de-aseară,
Ori să-ți dau ce niciodată
Nu găsești într'o comoară.

Și să fim o zi ferice.
Înceapă chiar mâine'n zori.
Când pe brațul meu să pice,
Trupul tău, plin de fiori.

Sau mai bine-o seară încă,
Pe sub umbre de castani,
Dragostea să-mi lași poruncă
De unire peste ani.

Și sub cerul plin cu stele,
Crezul inimilor bată.
Toate simțurile mele,
Afle-ți gura însetată.

28 mai 1982

RĂSCOLESC VREMEA UITATĂ

Soției mele, Viorica,
la aniversarea zilei de naștere

Răscolesc vremea uitată,
Să-ți revăd încă odată,
Chipul blând, ce altădată,
Era o floare de fată.

Orice zi ce o trăiești,
Te simțim cum ne'ngrijești.
Orice vârstă împlinești,
A noastră iubită ești.

Răscolesc vremea uitată,
Printre flori să văd o fată.
Să-ți văd chipul de-altădată,
Că -mi ești dragoste curată.

2 mai 1982, București

LA O FEREASTRĂ

Am vrut azi să te zăresc,
Dar fu în zadar
Prin al teiului frunzar,
Nu pot să-i privesc.

Sub ferestre'ntunecate,
Ochii mei te-au așteptat,
De perdelele lăsate,
Dorul mi l-am ancorat.

De fiorul ochilor,
Cânt necontenit ...
Șoapta mea-i ca un izvor,
Eu sunt dor nemărginit.

15 septembrie, 1982

ASTĂZI

Soarelui , de dimineață,
Ochii mei i s-au rugat,
Să te-anunțe, când se'nalță,
Că și'n vis te-am căutat.
        Eu te caut, să-ți ascult
        Vorba ce mă înfioară
        Mersul tău de căprioară,
        Să-l privesc mai mult.
Soarele ne dă speranță,
Iară noi, prin raza lui,
Ne privim față în față,
Prinși de vraja dorului.
        Câte flori au înflorit
        Sub al nopții adevăr
        Eu în calea ta presăr
        Ca un soț bun și iubit.

21 iulie 1982

GUSTUL IUBIRII

Te-am rănit fără să vreau,
Admirându-te prea mult.
Eram prea milos să-ți iau
Floarea numai cu-mprumut.

Te-am privit cum primăvara
Își privește câmpul verde,
Precum soarele-și privește
Seara și de drag o pierde.

Și credința mi-a fost soră,
Stea din ceruri, dumneata
Mi-ai părut o auroră.

4 iulie 1980, București

TU ȘI EU

Privește-mi ochii, mai târziu,
Când soarele va pica în amurg,
Când roșul lui trandafiriu,
Va săruta mura dată în pârg.

Tu și eu , spre asfințit,
Sub raze înghețate,
Vom strânge dorul risipit,
Cu genele înlăcrimate.

5 august, 1982, București

ÎN DRUMUL TĂU

Când mă revezi, să nu fii tristă,
Eu ies în drumul tău , când treci,
Plecându-mi capul pe poteci,
Să mă'țelegi, să mă'nțelegi.

Tu să privești și să-mi zâmbești,
Dulceața ta din zâmbet, să mi-o dai,
Să înțleg că tot la fel dorești
Să te iubesc, lumina mea de rai.

5-6 august, 1981

BATĂ VÂNTUL

Bată vântul, bată prin gard,
Bine ar fi să bați tu, drumul mâine,
Ca să-mi privești mușcatele cum ard,
La fel ca mine, pentru tine.

Să ne privim, o sărutare
Să-mi dai, când va fi seară
Și să mă strângi, ca prima oară,
Pănă când vântul va sta.

Ce păcat că vântul suflă-acum
Și eu aștept, dar nu te văd deloc.
De te-aș zări, ca focul aș roși...
În cale ți-aș ieși cu busuioc.

Dar poate mâine vântul va sufla
Și-aș vrea o leacă să te-abați.
De mult doresc să-ți spun ceva:
Tu ești al meu, eu sunt a ta.

Să vii, să vii oricând, te-aștept,
Căci vântul poate sta fără să știu.
La poarta mea să bată cine-o vrea.
Când tu nu ești, mi-e sufletul pustiu.

17 mai 1979, București

NU -MI AMINTESC

Nu-mi amintesc
Că te-am pierdut vreodată,
Nici cât de mult am îndurat,
Dar mereu te-am căutat
Sub un altar ceresc.
Atâtea nopți am cugetat,
Să aflu un răspuns.
În bezna nopții am oftat
Și'n gândul meu ascuns.
Atâta doar îmi amintesc:
Tictacul timpului de vis
Și nervul pleoapelor închis.
Răspunsul încă nu-l găsesc.
Nu-mi amintesc
Că te-am pierdut vreodată...
De te-am găsit, ești vinovată.
Sunt vinovat că te iubesc.

21 mai 1982, București

ÎI SPUN LUNII

Am să-i spun lunii, diseară,
Când lumină pe la noi,
Să te scoată pe afară,
Să ne vadă pe-amândoi.

În argintul razei blânde,
Să te scalzi în locul meu
Și când luna te-o cuprinde,
Locul lunii să-l iau eu.

Liniștea serii să poată
Ca o pază să ne fie,
Luna lunece târzie,
Eu să te sărut o dată.

24octombrie, 1982, București

TOVARĂȘEI DE DRUM

Dulce e privirea ta,
Precum ziua însorită,
Iar când pomii-s plini de nea,
Tu îmi pari și mai plăcută.

Dacă tu nu îmi pricepi
Gândurile din priviri,
Rogu-mi-te să începi
Cu alfabetul din simțiri.

Și de-i toamnă mohorîtă
Sau cumplită iarnă, acum,
Rămâi ziua mea plăcută
Și tovarășă de drum.

1981 (În Ajunul Crăciunului), București

VEI FI FĂRĂ ASEMĂNARE

Dacă te milostivești,
Bucurie vei avea.
Ochii triști de-i fericești,
Fericire vei afla.
În a sufletului oază,
T u să fii precum e el.

În unire s-aveți țel,
Dumnezeu vă stea de pază.

Dacă te milostivești,
Vindeci lumea de necaz.
Marea cu al ei talaz,
Are sens, dac'o iubești.

Cu a ta milostivire,
Demnitatea este soră.
Luminat de aureolă,
Vei fi fără asemănare..

5 noiembrie, 1981

SĂ POT

Să pot
Drapel iubirii să îl fac,
Aș închina întâiul imn,
Doar fericirii.

PREȚUL SUPREM

Nimic nu-i mai de preț ca viața
Dar fără iubire,
Viața e rece, ca gheața.
Un sloi lovit de val,
Topindu-se la mal.

PE PĂMÂNT

Din câte drapele
Sunt înălțate cinstirii
Pe întregul Pământ,
Niciunul nu pare mai sfânt,
Ca drapelul iubirii.

LEGE SFÂNTĂ

Din flori și străluciri de stele,
S-a făurit o lege sfântă,
Ce în bordeie sau castele,
Îndrăgostiții o tot cântă.
Plăcută și triumfătoare,
Va dăinui cât va fi soare
Și-o lume dreaptă, iubitoare.

POARTA FRUMUSEȚII

Nimic mai frumos
Ca dragostea adevărată.
Ea este clipa minunată,
Când poarta frumuseții-i descuiată

PACEA SUFLETULUI

Pacea sufletului este
Pronia simțurilor noastre
Aflate pe -un drum lung,
De căutare.
Pe ea nu o poate cuprinde
O mare .
Nici senninul, cu zările
Albastre.

16 decembrie, 1980

CICLUL AL IV-LEA:

CULORILE ANOTIMPURILOR

ZAMBILA

Ca albastrul cerului,
Pură-i floarea de zambilă.
Zâmbetul ei de copilă
Străbate până la astru.
      Albă, roză sau albastră,
      Ea ne-apropie credința.
      Parfumate scânteiază,
      Bucuria, suferința.
Roză, albă sau albastră,
Cu statornicie clară,
Te privesc - a câta oară? -,
Gingășia vieții noastre.
      Vrajă din pământ și soare,
      Vrajă în priviri și'n gând,
      Tu, zambilă trecătoare,
      Ești al ochiului dor blând.

15 martie 1982

SĂLCIOARĂ

Sălcioară,
Ce îți porți pletele în vânt,
Nuferii cu floarea albă,
Ca de nea,
Te privesc și ți se'nchină,
Draga mea.
Vântul când adie,
Pletele-ți mângâie
Și'n oglinda minunată,
Cu o mână nevăzută,
Te transformă într'o mie.
Nuferii dansează singuri,
Muzică le este vântul.
Te admiră plopul falnic...
Un pescar bătrân, ca lacul,
Lângă tine se așează
Și scăpându-i pălăria,
Te privește, sălcioară,
Mângâindu-și lung, chelia.

August 1979, Snagov

GHIOCELUL

De sub streșini de zăpadă,
A venit prin taina iernii,
Ghiocelul, să ne vadă.
Strop din lacrima iubirii,
Vine din pădurea tristă,
Aducând cu el
Clopoțel deșteptător,
Șoapta primăverilor.
2 martie 1981

PEISAJ DE IARNĂ

Cad alene fulgi de nea,
A orașului culoare
Pare o poveste.
Țurțuri strălucesc
Sub streșini,
Pomi gătiți,
Chiot mare,
Lunecuș,
Prin nămeți,
Copii se'ndeamnă
La urcuș.
Vrăbiuțe certărețe
Se'nghiontesc și fac mătănii
La un colț de pâine veche.
Săniile pe tăpșane,
Parcă sunt niște vagoane
Lunecând.
Pârtia-și arată fața,
Fetele, în obraji, bujorii.

TOAMNĂ

Cad din vârfuri
Frunze în calea toamnei...
Toate-s un covor,
Peste care umbra doamnei
Schimbă din decor.
Numai vântu -i plutitor,
Căutând prin crânguri,
Late frunze pică'n cârduri,
Făcând omul visător.
14 octombrie 1982

CATREN DE TOAMNĂ

Vă dau toamna asta'n dar,
Florile'n culori de jar,
Rubiniul viilor,
Stinge-v-a-ți cu el din dor.

1981

GHIOCEL, RAZĂ DE SOARE

Intru în pădurea tristă
Ce se tânguie de frig,
Și parcă o rază anume
Vine încet, prin crengi golașe,
Să sărute un ghiocel,
Care tot visează.
Ghiocel, rază de soare,
Clopoțel de dor,
Vii în suflet, pe furiș,
Dar de Mărțișor.

LA HERCULANE

Merg înspre apus de soare,
Printre munți și văi bătrâne.
Depărtându-mă de mare,
Dunărea o văd mai bine.

Către dânsa curg izvoare
Și mai reci, și mai fierbinți,
Printre stânci ocolitoare,
Ai tot sta să le asculți.

Printre munți mărunți, în zare
Îmi arunc uimit, privirea.
Gândul, cu nemărginirea,
Plaiurile, cu iubirea.

Brazi bogați, în rod roșcat,
Plopii ce acum dansează,
Cernei malul îl umbresc.
Cei ce se iubesc, visează.

Vântul liniștit mă duce
Să privesc a lunii față.
Deie-mi luna, gură dulce,
Până înspre dimineață.

Și'mbătat de mii de stele,
Să m'afund în frumusețe,
Ca Hercule , altădată,
Dând izvoarelor, binețe.

2-3 august 1980, Herculane

SEPTEMBRIE

Frunzuliță galbenă,
Vântului ești jucărie,
Când cu drag te leagănă,
Pe butuc de vie.
Frnzuliță din câmpie,
Verdele ți-a dispărut.
Dulce-mi ești și arămie,
Pentru așternut.
Mie rău îmi pare,
Frunzuliță răsucită,
Că tu, cu a ta splendoare,
Duci o lume în ispită.

27 septembrie 1982

CULORI

Frumoase culori,
Pe câmpii și prin văi...
Și-n inima mea
Zeci de speranțe
Doresc în cale să-mi iasă.
Sunt numai văpăi.

7 februarie 1979

CRĂIȚA

Iluzii din speranțe, în spațiu se răsfrâng.
Norii groși și vineți, plutesc neîntrerupt.
O rază de lumină poate că ți-ar ajunge,
Dar tu ești prea firavă, cu norii să te lupți.

Tu ești atât de mică în spațul ăsta mare,
Crăiță doritoare de soare și senin,
Doar soarele mai poate în tine să strecoare
O rază lucitoare și-un licur de alin.

Perdeaua cenușie plutește'n vântul lin
Și'n sensuri diferite te leagănă cu dânsul,
Părtaș să-ți fie soarele divin,
Când te va încălzi cu zorile și-apusul.

Grădini împodobești, frumoasă ești crăiță,
Cântată la izvor, țesută în covoare,
Parfum îmbietor, purtată în cosiță,
Flăcăilor din horă, le stai la cingătoare.

Petalele-ți surâd, ca razele de soare.
În glastra de pe hol, zâmbești la fiecare.
Iar când oftăm, oftăm încrezători,
Că tu aduci speranță și visare.

5 octombrie 1979

PE DEALUL ȘTEFĂNIȚEI

Soare, soare ca'npovești,
Fluturi albi din floare'n floare,
Brazi privesc spre trecătoare,
Tu, izvorule, șoptești.
Pietre lustruite'n râu,
Maluri care se tocesc,
Rădăcini ce putrezesc
Și se duc. Unde? Nu știu.

Roua cu broboana clară,
Nevăzută, în ceruri pleacă.
Va să vină către seară,
Preschimbată'n promoroacă.

Sus, pe dealul Ștefăniței,
Fân, în stoguri țuguiete,
Flori în pragul grădiniței,
Rumeniți obraji de fete.

Iar meleagurile cântă
Și cu ele cântăm noi...

La a greierilor nuntă,
Cade luna în zăvoi.

August 1980
La Borşa

PARCUL

Parcul dintre monumente,
Are bănci nenumărate.
Iar aleile-s discrete,
Pe sub ramuri dantelate.
Cerul pare strecurat,
Pe sub norul alburiu.
Leonard, îngândurat,
Dă toamnei un interviu.
La cortina de frunzare,
Unde vara-mi făceam jocul,
A întins Toamna covoare,
Pe alei şi în tot locul.
Eu , din razele plăpânde
Ce'nfăşoară pomii goi,
Şi din frunze de trifoi,
Doamnă Toamnă, îţi fac funde.

15 noiembrie 1982

CRIZANTEMELE

În găleată cumpănesc
Crizanteme colorate.
Sunt ca fetele cochete,
Când visează că iubesc.

Dolofane şi'nfoiate,
Cu obraji de sărutat,
Aşteaptă nevinovate,
Să le-admire vreun băiat.

Cele albe, par mai triste.
Rozele, plutesc în fard,
Parcă-s gata de reviste,
De iubire, parcă ard.

Galbenele-s mai retrase.

Transparente, ca și gheața,
Bretonate, rușinoase
Își ascund de lume fața.

Te sucești, te răsucești,
Într'un dans uluitor...
Când prin flori te rătăcești,
Dai de Fira lui Mohor.

13 noiembrie 1981, București

TUFĂNELELOR

Tufănele parfumate,
În toamna asta vă sărut
Voi îi dați o notă aparte
Toamnei , chiar de la'nceput.

Aș alege dintre voi
Una, să mi-o pun în păr
`Și cu ea , pe sub un măr,
Să-mi simt vârsta împlinită.

Septembrie 1981, București

VISCOLUL

Furios din cale-afară,
Vântul, fulgi de nea strecoară,
Printre crăpături ascunse,
Unde amorțite dorm,
Mici ființe, fără vise.

Și lovește fără milă,
Parcă totu-i face silă.
Pomi se'ndoaie, crengi se rup,
Zgribulite păsărele
Țin picioarele sub trup...

Nămețește și astupă
Toată calea, și ne pupă...
Și obrajii ni-i roșește.
Tu nu vrei să te mângâie,
El te strânge, te zburlește.

Și se duce să colinde,
Cât furia lui cuprinde,
Hoinărind din loc în loc,
Pe la uși, pe la ferestre,
Pe la case fără foc.

Obosit de-alergătură
Și de marea lui bravură
Se oprește și se'ntreabă:
Cui servește -a mea ispravă?

8 ianuarie 1980, București (A fost viscol puternic)

VÂNTUL

De trei zile sufli
Pulberea de pe pământ.
Forță de ne'nfrânt
E a ta suflare.
Leagă-ți bine strunele,
Potolește valurile,
Iară mie gândurile.
Suflă lin, în unduiri,
Dulci și calde amintiri.
Amuțească-ți șuieratul,
Păsările'n crâng să cânte,
Să ne-astâmpere oftatul...
Încetează, vântule,
Ce tot răscolești ?
Vezi că'n vatră sunt scântei.
Vrei să le trezești?
Ploaia'n zare nu se vede.
Poate mâine te oprești...

August 1979, București

TRANDAFIRII ROȘII

Când spun flori de trandafiri,
Roșie petală, pace îmi inspiri.
Voi în pace creșteți,
Dând frumusețe culorilor,
Vulturul se'nalță în soare,

Peste creasta munților.

Când spun "Pace", mă gândesc
La plăpândul pui de om,
Și la mama care-l crește
Și-l sărută noaptea 'n somn.

Trandafiri roșii, târzii,
La poalele Carpaților,
Voi acum ne amintiți
De sângele taților.
Au luptat și au murit,
Apărându-și fiii lor.

1978 (Scrisă de Artemis , la București)

PRIMĂVARA ANULUI 1978

Primăvară, vii cam greu,
Ziua soarele-l afunzi...
Ai ceva cu gândul meu,
De nu vii și te ascunzi?

Ghiocei cu capu'n jos
Muguri, păsări necăjești,
Pasul ți-e anevoios...
Vino, dragă, unde ești?

Fermecat de dumneata,
Te zării deunăzi ,
Când din pieptul meu zbura
O dorință de a fi,

Vino, acum, nestingherită,
Vin' cu razele în plete.
Dar să vii neprefăcută,
Ca și sânii unei fete.

Vin', frumoasă primăvară,
Arată-ți buna voință.
Îți las loc în inimioară,
Că-mi ești soră și credință

București

CEARTA DIN GRĂDINĂ

Un cais și un cireș,
Cu flori ca de lapte,
Se ceartă cu un măceș,
Plin de crengi uscate.

Liliacul și laleaua,
Zâmbind își vorbesc:
- Un sărut aș vrea să-mi dai.
-Da. Dar nu'ndrăznesc.

O albină vrednică,
De-o muscă se'mpiedică,
Iar caisul mai departe,
Își face singur dreptate.

Deodată, supărat,
Un cireș răzleț,
Grăi către liliac:
- Ești cam îndrăzneț.!...

Cum și cine ți-a permis
Să săruți laleaua?
Eu i-am pus cercei minune...
Mă știe o lume.

Laleaua cu trup subțire,
Se uită către cireș
Și-l rugă pe megieș,
Să-și vină în fire,
Și adăugă:
Dragă, eu de când mă știu,
Tot cercei mi-ai dat,
Dar ca liliacul,
Tu nu m-ai sărutat.
Atunci, primăvara,
Când a auzit,
Soarele-a chemat
Și i-a cununat,

1978 , București

GER

Solzi de gheață peste geamuri,
Luciul frigului pe ramuri.
Raza soarelui e moartă
Frigu-i fîg și soarta-i soartă.

Pâinea-i tare și zbârcită
Și mustața aburită.
Stelele lucesc de ger,
Cerul e un frigider.

Nu-s troiene, ca'n trecut,
Crivățul nu-i de temut.
Frigul e apăsător,
Omu-i trist și doru-i dor.

Ianuarie 1982

TOAMNA DE LÂNGĂ SUFLET

Lângă suflet se așază
Toamna, îndulcindu-mi graiul.
Vântul frunza colorează
Și cuprinde munții, plaiul...
Toamna, încet mi se așează
Lângă suflet și vibrează.
De mai trece încă una,
Nu contează.
Te privesc, toamnă, din nou,
Prin a frunzelor culoare,
Prin cântări fără ecou
Și prin zile fără soare,
Prin isprăvi neînsemnate,
Pregătești, iubito, iară,
Flori și fructe aromate,
Ca o cochetă domnișoară.
Vântul frunza colorează.
Colorat îmi e și gândul.
Viața mi-o înmănunchiază.
Bine?...Rău?.. știe doar Sfântul,
Cât contează.

7 septembrie 1981, București

FLOARE LÂNGĂ FLOARE

Pădurea cu frunze moarte,
Ascunde ghiocei frumoși.
Albăstrele, brebenei,
Stau la soare, cam sfioși.

Printre ramuri și crenguțe,
Devenite putregai,
Gâza mică, gărgărița,
Se sfădește c'un susai.

Pâlcuri de zăpadă-așteaptă,
Zac și-s gata să-și dea duhul,
Prin călduțul vânticel,
Un cristei taie văzduhul.

Din cărare, pe un dâmb,
Frunze rare'n luminiș,
Raze curg din cer, furiș.
Eu rămân ca fermecat.

Viorele, albăstrele, brebenei,
Printre toate, nelipsitul ghiocel.
Clipa-mi dă o altă stare,
Pe când floare lângă floare,
Dă pădurii sărbătoare.
Iară nouă, tuturora,
Bucurii în suflețel.

1 martie 1980, București

IATĂ, TOAMNA

Iată, toamna este gata:
Rumenită, ca și fata,
În obraji și pe la poale...
Pe poteci ce duc la vale,
Se tot uită supărată,
Parcă n'ar fi vinovată,
Că a rărit ca la "reviste"
Ale sălciilor fuste.
Iar pe plopii din zăvoi,
Îi lasă în cracii goi.
Și în foșnet de pădure,

Ochii și-a făcut, din mure.
Și mai face pe mofluza,
Că puțin o săse'ndure
De castan, să nu-i ia bluza.
Ieri, c'un trandafir la ie,
Se plimba mândră prin vie,
Alegând ca o haihuie,
Frunză galbenă, molâie.
Oare-și face o saltea,
Să-l aștepte pe Badea?
Ori aduce vremea rea,
Ca să ne-amintim de ea?

13 septembrie 1980, București

TOAMNĂ BLÂNDĂ

În apus de toamnă blândă,
Pleacă păsări călătoare.
Bine-i c'am venit pe lume,
Pe-o câmpie cu mult soare.
  Toamna ploile-și adună .
  Vântul, norii îl frământă
  Soarele, părtaș la toate,
  Tot vrăjește șI descântă.
Iarna vine nechemată,
Soarelui să-i fure-o rază
Și prin turma de vârtejuri,
Vine parcă supărată și se-așează.
  Ondulat pare apusul
  Și lipsit de nu știu ce...
  Poate mâine, către seară,
  Să-l privesc din nou, cum e.
Și vrăjit să fiu de dânsul,
Să rămân nedumerit .
Sau a toamnelor uimire
Să mă lase'ncremenit.
  Să-l privesc o veșnicie
  Și-n etern tot îl iubesc.
  Că apusul meu, e unul.
  Și doar toamna îl privesc.

15 octombrie 1979, București

PRIMĂVARĂ

Așteptată primăvară,
Ai înflorit iar caișii,
Iar zambilele'n grădină,
Ție ți se'nchină.
Floricele albe, albastre, violete,
Toate te așteaptă.
Dorul nu pot să-l strunesc,
Ți-l trimit în șoaptă.
Garofițe de tot soiul,
Le-aș așterne pe pământ
Și ți-aș prinde mijlocelul,
Să te-așez, să te sărut.
Uite, zgomotul afară e de ploaie,
Primăvară prea frumoasă...
Lasă o floare să o mângâi,
Că și ea mă lasă.
Dacă poți dorul să-l stingi,
Te aștept cu bine.
Primăvară, tu ai nume ca de fată.
Soarele te cheamă'ntruna,
Ochii calzi șI gura dulce,
Să-ți sărute doar o dată.
Peste drumurile mele
S-or așterne'n drum,
Bucurii de primăveri.
Timpul doar le știe.

Primăvara anului 1979, București

RÂURILE
Curg, de cine știe când,
Râurile.
Uneori mai tulburi,
Alteori mai limpezi,
Curg izvoare cristaline,
Apoi vântul, apoi ploaia,
Vin din ceruri cu cristale,,
Cu furtuni tulburătoare,
Iar pe fruntea picăturii,
Diamante coniforme,
De la alte galaxii.
Curg de cine știe când, râurile...

9 iunie 1979

MĂRII

Aș vrea să mor pe malul tău,
Privind la tine, mare ,
Și'n valuri fără spume
Să-mi aflu liniștea.
Dar valurile tale
Se contopesc într'unul
Și-a lui învolburare
Spăimântă tot seninul..
Aud cum sună trilurile
Sirenelor tale
Și clipocirea ta,
Când te izbești de mal.
Pescărușul taie bezna
Cu un țipăt chemător,
Parcă e în el speranța
Zilei pline de fior.
Și în liniștea mea , gândul
Se îndreaptă către tine,
Dar opus și tot mai rece,
Eu sunt valul care vine.

Toamna anului 1979, București

ALBUM DE PRIMĂVARĂ

Din văzduh, trezindu-se,
Soarele alungă ceața
Și o vrajă nevăzută,
Răscolește viața.
Murmur, zumzet de albină,
Farmec are grâul proaspăt.
Cântă vântul printre ramuri,
Mugurii se-anină.
Ciocârlii se'nalță'n zare
Și cântă fără'ncetare.
Te uimește totul,
Ca o sărbătoare.
Un moșneag, târându-și pasul,
În urma a trei mioare,
Parcă-și blestemă păcatul,
Spovedindu-se la soare.

Florile din prispa casei,
Privesc soarele spre seară.
Cu ulcica înflorată,
Le stropește-o domnișoară.
A căzut noaptea senină,
Ici și colo, câte-un nor...
O codană-și cântă doina,
Doina ei de dor.
Oboseala zilei pline,
Vine somnul s'o aline
Cu un vis primăvăratec,
Rază de jăratec.

Primăvara anului 1979, București și Stroești

CASTANUL

Umbră faci, castan fălos,
Cu a frunzelor coroană
O frunză aș vrea să am,
Arbore frumos.
Sau dacă poți și vrei
Crenguța ta frumoasă,
Apleac-o mai în jos,
Să-i spun dorința mea.
Când umbra ta înfășură aleea,
Răcoarea plutește împrejur,
Iar trecătorul încetinește pasul
Ca să prindă o clipă ca aceea.
Așa semeț și generos
Ai fost cu cine te-a privit
Iar bolta ta, ca un veșmânt,
Pe toți ne-a încălzit.

Octombrie 1979, București

TOAMNĂ ROMÂNEASCĂ

Toamnă, fericit îți las
Frunza colorată în cântări.
De te-oi mai întâlni în alt popas,
Voi lăcrima cu ale tale flori.
Frumoasă toamnă românească,
Tu, gândul mi-ai armonizat
Și în credința mea firească,
La suflet mi te-am așezat.

6 noiembrie 1983

CAD DIN VÂRFURI

Cad din vârfuri
Frunze în calea toamnei...
Toate-s un covor,
Peste care umbra doamnei
Schimbă din decor.
Şi când vântul plutitor
Lunecă prin crânguri,
Alte frunze cad în cârduri,
Făcând omul visător.

25 octombrie 1982, Bucureşti

SCRISOARE MAMEI

Am privit din zare'n zare
Unde drumurile-apucă...
Luna iar când va apare,
Alinare să-ţi aducă.
        Nu-ţi mai fă atâtea gânduri,
        Că aici o ducem bine.
        Fie Dumnezeu de-a pururi,
        Că e loc pentru oricine.
Am citit scrisoarea ta.
Soarta-mi dă parfum ceresc.
Fericit sau necăjit,
La cei buni eu mă gândesc.
        Astăzi calc un alt pământ,
        Sub a soarelui blândeţe,
        Şoapta primului meu cânt,
        Fredonând-o cu tristeţe.
Frig sau cald, sunt îmblânzit
În a lumii comedie.
Mamă, când te-am pomenit,
Mi-ai dat sprijin şi tărie.

Februarie 1985, Rapid City

Made in the USA
San Bernardino, CA
18 April 2018